大师巨匠

西南联大
1937
—
1946

丁士轩

编著

汪士伦

绘

北京联合出版公司
Beijing United Publishing Co.,Ltd.

图书在版编目（CIP）数据

大师巨匠：西南联大：1937—1946 / 丁士轩编著；汪士伦绘. —北京：北京联合出版公司，2022.6（2024.3重印）

ISBN 978-7-5596-6152-4

Ⅰ.①大… Ⅱ.①丁… ②汪… Ⅲ.①西南联合大学—名人—列传—1937-1946 Ⅳ.①K820.5

中国版本图书馆CIP数据核字（2022）第066457号

大师巨匠：西南联大1937—1946

作　者：丁士轩　　　　　　　绘　者：汪士伦
出品人：赵红仕　　　　　　　出版监制：辛海峰　陈 江
责任编辑：孙志文　　　　　　特约编辑：郭 梅
产品经理：唐鲁利　　　　　　内文排版：任尚洁
封面设计：人马艺术设计·储平

北京联合出版公司出版
（北京市西城区德外大街83号楼9层　100088）
北京联合天畅文化传播公司发行
三河市信达兴印刷有限公司印刷　新华书店经销
字数 129千字　880毫米×1230毫米　1/32　6.5印张
2022年6月第1版　2024年3月第2次印刷
ISBN 978-7-5596-6152-4
定价：58.00元

版权所有，侵权必究
未经书面许可，不得以任何方式转载、复制、翻印本书部分或全部内容。
如发现图书质量问题，可联系更换。质量投诉电话：010-88843286/64258472-800

西南联大所处的时代,
如潮水般无情地吞噬着脆弱的生命,
沿途却开满了鲜花,芳香弥漫。

张伯苓　蒋梦麟　梅贻琦　潘光旦
吴　宓　刘文典　朱自清　沈从文
穆　旦　杨振声　钱锺书　闻一多

陈寅恪　冯友兰　钱　穆　金岳霖
傅斯年　吴　晗　吴大猷　华罗庚
杨振宁　李政道　马约翰

编者序

克服时代，爱你所爱

"在自己的身上，克服这个时代。"100多年前，弗里德里希·威廉·尼采（Friedrich Wilhelm Nietzsche）对同代人的无谓匆忙深恶痛绝，也感慨学者一再地堕落，于是发出了这样的抗争口号。时过境迁，尼采的这句话依然闪烁着光辉。

人在时代中，无疑会深受它的浸染与裹挟，常会身不由己、深陷其中，直至被湮没、消失。回溯西南联大这段沧桑岁月，我们总是心潮澎湃、感慨万千。在那风云变幻、悲痛觉醒的大时代，历史的浪潮将西南联大的知识分子推到了舞台前沿，时代、民族、国家的宏大叙事，裹挟着他们的尊严、血泪、生命，写就了一段精彩纷呈而又众说纷纭的历史。

这是一个风雨如晦、大师迭出的精彩时刻。近现代以来，中国经历了"三千年未有之大变局"的动荡与屈辱，一边是腐朽的清政府苟延残喘，一边是欧风美雨吹洒进古老的土地。无数仁人志士在迅猛的时代潮流中，甘愿放弃随波逐流的舒适与安逸，主动去走抵抗力最大的路，为时代洪流搭建起沟通的桥梁，探寻着新的出路。

1898年7月，中日甲午战争硝烟渐逝，22岁的张伯苓目睹腐败无能的清政府被迫上演"国帜三易"的闹剧，愤然从北洋水师退役，决定献身于教育救国事业，由此开启了南开大学的传奇历史；1919年7月，五四运动发生后不久，33岁的蒋梦麟接过蔡元培校长的殷殷托付，前往北大主持校务，将"思想自由，兼容并包"的北大精神继续向前推进；1931年12月，"九一八"事变爆发的同年，42岁的梅贻琦发表了著名的就职清华大学校长演讲，此后的漫长岁月，这位"寡言君子"大刀阔斧地改造清华，成为清华校格的精神象征……

这是一次慷慨悲壮、刚毅坚卓的身体力行。1937年卢沟桥事变爆发，南开大学在日军的轰炸下遭遇灭顶之灾，清华和北大在被日军铁蹄践踏的北平城中也岌岌可危。在国破家亡的生死关头，三校开启了史诗般的南迁之旅，先落脚长沙，后移至昆明，组成国立西南联合大学，中国教育文脉得以延续。

"南渡自应思往事，北归端恐待来生。"1937年9月，47岁的清华教授陈寅恪一面操办着悲愤去世的父亲陈散原的丧事，一面忍受着因操劳过度右眼视网膜脱离的痛苦；同年11月，他毅然放弃手术治疗，携妻女仓皇离开北平，踏上了辗转南渡的艰辛旅程。

"万里长征，辞却了五朝宫阙。暂驻足衡山湘水，又成离别。"1938年2月，39岁的清华教授闻一多婉拒了好友邀请其到教育部任职的好意，辞别妻儿，跟300多名师生组成长沙临时大学湘黔滇旅行团，开始了长达3300余里的伟大迁徙。他一路上唱着

《松花江上》等抗日歌曲，情绪慷慨激昂，历时68天，最终到达昆明。

"国难日亟，国亡无日，不抗战无法解决问题，不打日本鬼子无法消除心头之恨。"1942年2月，24岁的穆旦放弃西南联大的教席毅然从军，担任中校翻译官；1942年5月，他跟随中国远征军第五军冲进了缅甸境内的野人山和胡康河谷，历经炼狱般的考验，九死一生，脱离险境……

这是一种前赴后继、弦歌不辍的赓续传承。这群拒绝被时代挟持的教授和学子，一路播种，也一路收获，不仅改变了自己的人生，也改变了中国的命运。诚如北宋大儒张载所言："为天地立心，为生民立命，为往圣继绝学，为万世开太平。"他们以良知为明灯，穿越历史的迷雾，照见光明的未来。

在一个皓月当空的夜晚，狂狷名士刘文典吩咐学生将课堂搬出教室，在校园里摆下一圈座位，自己则坐在中间，当着一轮圆月，大讲《月赋》，"俨如《世说新语》中的魏晋人物"，听者"沉醉其中，不知往返"；在昆明"跑警报"时，顽童哲学家金岳霖不慎遗失耗费近10年心血完成的长达60万字的手稿《知识论》，痛心不已之后选择重写，又历经五六年时间，再次写成六七十万字的《知识论》，并于1983年终获出版；抗战胜利后，中国物理学之父吴大猷力排众议，坚定地推荐尚在西南联大二年级读书的李政道赴美国攻读物理学博士，11年后，吴大猷的两位学生杨振宁、李政道一起站在了1957年诺贝尔物理学奖的领奖台上……

西南联大所处的时代，如潮水般无情地吞噬着脆弱的生命，沿途却开满了鲜花，芳香弥漫。这群自觉担负起民族前途、国家命运和文脉传承的知识人，挣脱了时代的泥淖，冲破种种艰难险阻，纷沓而至，成为今天的我们追寻良知与勇气的方向指引和精神坐标。

莎士比亚曾感慨："这是很老的故事，却也是天天发生的故事。"历史是过去，是未来，更是现在的每一个瞬间。今天，站在共同走过的时间渡口，重新凝视中国的过去与未来，我们会发现，西南联大那些故事里的吉光片羽，不是他者的叙事，而是我们的生命，是我们自己。过去并未走远，现实仍在那里，未来总会到来。如何在自己的身上克服这个时代，属于当下知识人与生俱来的使命，也是如今的年轻人义不容辞的责任。

电影《无问西东》中有台词道："愿你在被打击时，记起你的珍贵，抵抗恶意；愿你在迷茫时，坚信你的珍贵，爱你所爱，行你所行，听从你心，无问西东。"循着这段西南联大历史中透出的微弱光亮，我们或许可以获得某些启迪，汲取点滴力量，相互鼓励，彼此温暖，共同克服这个时代，期许一个更加美好的未来。

丁士轩
2021年10月26日于北京

目录 CONTENTS

明德至善
大学之大，有大师之谓也

- 2　张伯苓
  中国不亡，有我！
- 10　蒋梦麟
  有魄力，有担当
- 18　梅贻琦
  大学在大师，不在大楼
- 26　潘光旦
  位育概念的标本

大师巨匠
西南联大1937—1946

文人典范
是真名士自风流

36　吴宓
　　疯人、情人、诗人

44　刘文典
　　是真名士自狂狷

52　朱自清
　　最完整的人格

60　沈从文
　　非常非常的"平常"

68　穆旦
　　一颗星亮在天边

76　杨振声
　　启蒙老师

84　钱锺书
　　人中之龙

92　闻一多
　　最后一次演讲

百年大师
只留清气满乾坤

- 102 陈寅恪
  三百年来一人
- 110 冯友兰
  阐旧邦以辅新命
- 118 钱穆
  温情与敬意
- 126 金岳霖
  顽童哲学家
- 134 傅斯年
  人间一个最稀有的天才
- 142 吴晗
  天真犹自笑盈盈

大师巨匠
西南联大1937—1946

强国奠基
格物致知日日新

152 **吴大猷**
　　中国物理学之父

160 **华罗庚**
　　圆与切线的位移

168 **杨振宁**
　　当尘埃落定之后

176 **李政道**
　　自尊向上，不进则退

184 **马约翰**
　　强国必先强种

明德至善

大学之大，有大师之谓也

大师巨匠
西南联大 1937—1946

张伯苓
中国不亡，有我！

张伯苓 / 1876—1951 / 字伯苓，原名寿春，生于天津。中国著名教育家，中国奥运先驱。他一生致力于教育救国，创立天津南开大学，为中华民族的振兴做出了贡献。
1938年任西南联合大学校委会常委。

明德至善
大学之大,有大师之谓也

1898年7月,威海卫,一场交接仪式即将举行。当年,承甲午败绩,千疮百孔的清政府被英国强迫,准备签订《中英订租威海卫专条》。正在占据威海卫的日军,按约应当撤出,以便清政府接收之后,再行转让给英国。清廷派大员去山东办理接收和转让手续,年轻的张伯苓随所在的通济舰前往。

交接仪式开始了,先是取下日本的太阳旗,挂起清朝的龙旗,这算是清政府从日军手中收回了失地。然后清政府再拱手让给英国人,这一拱让,比从日本手中接收更令人凄怆。但见清兵一字排开,每人穿一件破旧坎肩,衣前写一个"兵"字,背后写一个"勇"字。士兵个个面黄肌瘦,精神萎靡,他们除了手中的大刀,多半还怀揣烟枪,而衣服更是杂七杂八,不是过于长大,就是过于短小。降旗的清兵更是不堪入目:蓬头垢面,两肩高耸,慢吞吞地走出来,降下挂起不久的龙旗……而英军恰恰相反,一个个身材魁伟,穿戴威严,列队行进,步伐整齐,神采飞扬地升起英国的米字旗,那神情就像在战场上接受乞降者签字画押。

风在鸣咽,浪在怒吼,乌云在张伯苓的心头滚过。这位曾是北洋水师学堂航海驾驶班成绩最好的学生,目睹着这场"国帜三易"的闹剧,"悲愤填胸,深受刺激"!一个有良心的中国人,怎能忍受如此奇耻大辱！张伯苓不禁自问："国家积弱到这种地步，中华民族何以自立于世界？以这样的官兵对阵外敌，怎能不一败涂地，任人宰割？"站在甲板上，他凝视苍茫的大海，耳听海浪冲击岸石的轰鸣，眼里射出坚毅的光，斩钉截铁地说："海军救不了中国！"

从威海卫归来之后，张伯苓愤然退役。经过新的思索，他得出这样的结论："要在现代世界中求生存，必须有强健的国民。欲培养健全的国民，必须创办新式学校，造就一代新人，我乃决定献身于教育救国事业。"于是，张伯苓回到了天津，开始了他传奇而曲折的人生。

南开南开，越难越开！

著名文学艺术家老舍、曹禺曾说："天下谁人不知，南开有个张伯苓！"当南开的校友们回忆起张伯苓校长时，总会不约而同地提及他那高大挺拔的身材和刚毅洪亮的天津腔。张伯苓留给柳无忌的第一印象是，"那魁梧的身体，像泰山般屹立在陈设俭朴的校长办公室内"。齐邦媛曾回忆，张伯苓常年穿着长袍，戴一副有颜色的眼镜，学生们"几乎每天都可以看到高大壮硕的他挺胸阔步地在校园行走"。战乱纷争的年代，张伯苓已然成为校歌里"巍巍我南开精神"的化身，被称作"南开先生"。

1903年，张伯苓趁暑假航海东渡，亲眼看到日本明治维新后的盛况，领略了日本对教育的重视及办学规模和教育方法，深受启发。1904年5月，经过4个月的细心考察后回国，在严修的大力支持下，张伯苓在严修、王奎章合办的严氏家塾的基础上，在天津城西南一块俗称"南开洼"的地方，创建"私立中学堂"，后正式定名为"南开学校"，确立了"允公允能，日新月异"校训。他常说："南开南开，越难越开！"到1917年，南开中学的学生从起初只有75人已经发展到1000多人。

看到各届毕业生依依不舍地离开学校，张伯苓觉得应该向大多数学生提供继续升学的机会，他渐渐地意识到，"普通教育仅为国民教育之初步，创办高等学校乃是国家发展的根本大计"。于是，已41岁的他竟决心赴美学习和考察，研究西方教育理念。很多人劝他："你已功成名就，干吗去和那些洋孩子同堂读书！"甚至说："这个脸你丢得起，我们丢不起。"他还是去了，遍游美国各地，考察了许多私立大学的组织和实施情况，实验主义思想大师杜威也是他的老师。

1918年12月，归国后的张伯苓开始积极筹募经费，并获徐世昌、黎元洪等人及天津士绅之助，筹划创办南开大学。1919年春，在中学南端空地建大学教室，当年秋季落成。张伯苓专请留美多年的凌冰博士任大学部主任。除开设文科外，大学还设理科和商科，后来改称文、理、商三个学院，这在当时是十分难得的。

你们讨厌！

张伯苓曾有这样的观点："不懂体育，做不得校长""没有体育就不叫教育"。因不满中国人被称作"东亚病夫"，他明确提出了体育课的各项标准，并且学校规定每年寒暑假开学时，学校逐项考核，考试不及格，通知家长，考试及格者还要选择一个项目，每日定时练习。

1934年，华北第18届运动会在天津举办，同时参加开幕式的还有200多个官绅要员以及各国领事和日本驻天津司令梅津。国难当头，东北沦丧，华北民众抗日情绪高涨。国民政府唯恐运动会有闪失，特派国民要员参加运动会。运动会开始了，几百名南开学生组成的南开啦啦队开始了生动的表演。一声哨响，几百人用黑白两旗打出了"勿忘国耻"4个字，3万多观众投去目光的瞬间，它们又变成了"收复失地"4个大字。顷刻间万人欢呼，掌声雷动。随着各个代表队的入场，啦啦队发出了铿锵有力的呼喊："华北会，十八届，锻炼好身体，休把别人赖，收复失地在关外""察哈尔，有长城，城里城外学英雄，要守长城一万里，全凭你们众英雄"……

正在行进中的东北运动员听到这些口号，激动得热泪盈眶。会场上观众情绪悲愤，梅津尴尬无比，提前退场，并向国民政府当局提出抗议。压力转到张伯苓那里，他将啦啦队的队长叫到校长办公室训斥，只说了4句话："你们讨厌！你们讨厌得好！下回还要那么讨厌！不过要更巧妙地讨厌！"

中国不亡,有我!

张伯苓成了日本人的眼中钉,意欲除之而后快。1937年卢沟桥事变爆发时,张伯苓正在庐山参加蒋介石召集的"庐山会谈"。他在会谈上发言时,一改平日的平稳、持重,情绪激动地说:"'南开'凝聚了我一生之心血,战端一开,难以保全。保不住就不保了,决不能向日本人屈服!打烂了'南开'可以再重建,国家一旦灭亡了,还谈什么教育!"他说得热泪盈眶,听者无不动容。

果然不出张伯苓所料,抗日战争之初,南开成为第一所被炸毁的学校。持续一天的轰炸,37栋教学楼、图书馆及学生宿舍成了一片瓦砾,有中文图书10万册、西文图书4.5万册及大批珍贵成套用具毁于炮火。当时蒋介石公开宣称:"南开为中国而牺牲,有中国即有南开。"他批准了胡适、蒋梦麟等人的建议,南开与北大、清华合组为临时大学,于11月1日在湖南长沙开学,随后又迁昆明,定名为"国立西南联合大学",成为抗战期间最好的学校。

张伯苓开始用强烈的激情到处演讲,在一次应东北基督教青年会演讲时,他发出了振聋发聩的吼声:"中国不亡,有我!"这句话在东北各界引起了极大反响,就连少帅张学良听后也深深折服,从此一改纨绔子弟的习气而意欲有所作为,后来拜张伯苓为师,给南开办学提供了大量资助。

大师巨匠
西南联大1937—1946

您抬爱我了

1949年11月21日，下午3点左右，张伯苓在重庆的家中午休，蒋介石突然到访。蒋虽身着军装，但没有了往日的气派与神采，门口没有前呼后拥的军队，只有两辆小汽车。蒋介石满面笑容地进入客厅，来意很明显：因重庆局势紧张，请张伯苓立即起程去台湾。张伯苓说："您抬爱我了。"继而低头无语，主宾对坐无言，室内沉寂良久，一时陷入僵局。

张伯苓的夫人出来解围，以坚决而严肃的口吻说："蒋先生！他老了，身体也不好，做不了什么事啦！也该退休了！你叫他辞职吧！"蒋介石当时被噎住了，沉吟了一会儿，只好慢慢起身告别。张伯苓把蒋介石送到门口时，两人并立在台阶上，沉默无言，眺望远方。蒋介石在沉默中缓缓走下台阶，走向汽车，没有低头上车，只听"咚"的一声，一头碰在车门上。张伯苓忙上前扶住，惊问："怎么了？"蒋介石忙说："没事，没事。"这才低头上车，悻悻而去。

张伯苓留在了大陆，然而生命只逗留了短短一年两个月又二十余天。

"南开之父"的晚年

1951年2月17日，那天天气特别寒冷。晚饭后，卢开瑗来拜访张伯苓,说是听到小道消息,中央决定任命张伯苓为政协副主席。张伯苓听后非常高兴,终于有机会为国效劳了。所以卢开瑗临走时,他坚持要送下楼到大门口。家人觉得天气太冷,就送一杯热茶给张伯苓,只见老人口歪眼斜,已经不能言语。专家会诊后,一致认为是脑溢血。学生黄钰生执笔写了一份遗嘱,坐在张伯苓的床边,逐字逐句念给他听。张伯苓边听边点头,全篇念完的时候,他竖起右手大拇指,想说"好",但已经发不出声音了。2月23日下午,张伯苓去世,享年75岁。

当历史不断地凋零与远去之后,张伯苓鲜活的身影开始在岁月沉沙中渐渐显现。如同当年威海卫那耻辱的一幕深深地刻在他的心里,张伯苓那一句"中国不亡,有我"的吼声,在历史的天空中愈加震撼人心。

大师巨匠
西南联大1937—1946

蒋梦麟
有魄力，有担当

蒋梦麟／1886—1964／原名梦熊，字兆贤，号孟邻，浙江余姚人。中国近现代著名的教育家。代表作有《西潮》《谈学问》《文化的交流与思想的演进》《新潮》等。
1938年任西南联合大学校委会常委。

明德至善
大学之大，有大师之谓也

1926年3月18日，北京天安门前，5000多人集会抗议，强烈要求拒绝6天前由日本挑衅发出的八国通牒。大会结束后，游行队伍由李大钊率领，按预定路线，从天安门出发，最后进入铁狮子胡同东口，在段祺瑞执政府门前广场请愿。示威群众公推代表去向卫士长交涉，要求开门放队伍进去，并请段祺瑞和国务总理贾德耀出来见面。

此时的北大代理校长蒋梦麟焦急万分，他事前得到消息，说政府已经下令，学生如果包围执政府，军队就开枪。他曾警告学生们不可冒险，并设法阻止他们参加，但是热血沸腾的学生们依旧列队集合，最终不肯听他的劝告。

在不加任何警告的情况下，执政府卫队突然向请愿队伍实弹射击，顿时血肉横飞，"都门之下，死伤山积"，当场死亡47人，199人受伤。北大学生张仲超、黄克仁和李家珍惨遭杀戮，死者中还有为人们所熟知的北京女子师范大学学生刘和珍。与此同时，李大钊和陈乔年也负伤。后来军警在清理现场时，竟然将死者财物尽行掠去，甚至连衣服也全部剥光。

"三一八"惨案发生后，举世震惊。《泰晤士报》称这次事件是"兽性"的"惊人惨案"，鲁迅称这一天为"民国以来最黑暗的一天"。梁启超刚刚动完手术，缠绵病榻之中，犹不忘口诛笔伐；刘半农与赵元任再一次词曲璧合，哀声凄楚，传唱京城；鲁迅则有《记念刘和珍君》等文，尤为悲天悯人……

3月24日，北京大学全体教职员及学生在三院大礼堂举行追悼会，由蒋梦麟主持。在大会上，他对北洋军阀政府的暴行进行了猛烈的抨击："处此人权旁落、豺狼当道之时，民众与政府相搏，不啻与虎狼相斗，终必为虎狼所噬。古人谓苛政猛于虎，有慨乎其言矣！"话未说完，蒋梦麟"不禁放声大哭，台下致祭者亦有相对痛哭者，一时全场顿成惨淡悲哀景象"。

4月，在一片谴责声中，段祺瑞执政府轰然倒台，奉系军阀占领北京，杀害《京报》社长邵飘萍和《社会日报》社长林白水，逮捕《世界日报》社长成舍我，一时间北京陷入白色恐怖状态。蒋梦麟也被列入张宗昌的黑名单，不得已躲在六国饭店长达3个月，之后悄悄离京南下。

西化的潮流已经无法抗拒

1886年，蒋梦麟出生在浙江余姚蒋村一个小康之家。他自幼在旧式家塾中启蒙，为科举考试做准备。父亲觉得家塾的教育是不够的，就把11岁的蒋梦麟送到离村约40里的绍兴府，进中西学堂。这是他最初接触西方学问的地方，开始知道地球是椭圆的，而不是平的；雷不是雷神击鼓所生，而是"阴电和阳电撞击的结果"。也正是在这里,他遇到了对他一生有重要影响的蔡元培。

他入学第二年的秋天,蔡元培辞去翰林院编修的官职,回到故乡绍兴,应知府之邀出任中西学堂监督(相当于校长)。蒋梦麟后来回忆初见蔡元培的场景:"一个秋月当空的晚上,在绍兴中西学堂的花厅里,佳宾会集,杯盘交错。忽地有一位文质彬彬、身材短小、儒雅风流、韶华三十余的才子,在席间高举了酒杯,大声道:'康有为、梁启超,变法不彻底,哼!我!……'大家一阵大笑,掌声如雨打芭蕉。"

1903年,17岁的蒋梦麟考中秀才,第二年进入上海南洋公学。1905年9月,有1300年历史的科举制度被废除。在急剧变动的大时代,在新与旧、中学与西学、维新与革命之间,蒋梦麟"尚未成熟的心灵"终于看清楚了"西化的潮流已经无法抗拒"。1908年,22岁的他自费留美深造,成为著名哲学家、教育学家约翰·杜威的学生,1917年获得哥伦比亚大学哲学及教育学博士学位。

1919年"五四"运动发生后,蔡元培辞去北大校长之职,离京南下。7月14日,蔡元培约蒋梦麟自上海到杭州,一起游览花坞。雨起,蒋梦麟与汤尔和留下用晚餐。蔡元培在餐会上接受汤尔和的建议,决定由蒋梦麟代表他前往北大主持学校事务。这一年,蒋梦麟33岁。

大师巨匠
西南联大1937—1946

养健全之个人

　　蒋梦麟一行从杭州北上抵达北大，北大全体学生齐集理科楼欢迎。欢迎会上，他第一次发表了办学思想的演说："国家民族的地位是由历代文化积聚起来的，不是朝夕所能成……故救国之要道，在从事增进文化的基础工作，而以自己的学问功夫为立脚点。"在美国留学的9年里，蒋梦麟深刻体会到，"对本国文化了解愈深，对西方文化的了解愈易"，这种思想反映在他日后在北大的学科布局。

　　他重视中西结合，文理贯通，以教育的方法"养健全之个人"。要求入外文系者须有国文功底，入国文系者需有外文成绩。他把《科学概论》列为所有文学院一年级学生的必修课，而理科各系则把国文作为一年级学生的必修课。第二年，他提出北大的目标不能满足于"国内一流"，而是应该在国际上有自己的地位。

　　本着蔡元培"教授治校"的构想，蒋梦麟具体实施建立新的行政组织，践行民主和自由的理念。有一天，蒋梦麟见到胡适，愤然地说："北京的教育界像一个好女子，那些反对我们的，是要强奸我们，那些帮助我们的，是要和奸我们！"胡适当即纠正说："梦麟你错了，北京教育界是一个妓女，有钱就好说话，无钱免开尊口。"

　　蔡元培经常在职不在校，曾坦承："综计我居北京大学校长的名义，十年有半；而实际在校办事，不过五年有半。"当时就有人评价："这五六年来的北大校长，与其说是蔡元培，不如说是蒋梦麟。"

有魄力,有担当

1930年12月,受蒋介石之聘,蒋梦麟辞去教育部长职务,再次回到北大担任校长。此后15年间,他始终是北大的行政负责人,成为北大历史上掌校时间最长的一位校长。经过军阀连年混战的摧残,此时的北大已经是一个"烂摊子"。由于经费拮据,教授四处兼课,往往一人每周兼课到40小时。北大外文系主任温源宁,名气大,在5个大学有兼职,钱锺书就是他在清华兼课时的学生。

针对北大"大度包容,思想自由"这两个"精神特点"所产生的"纪律弛,群治弛"两个缺点,蒋梦麟开始致力于"整饬纪律,发展群治,以补本校之不足"。上任之初,他即叮嘱文、法、理三学院的院长:"辞退旧人,我去做;选聘新人,你们去做……放手做去,向全国挑选教授与研究的人才。"1934年,国文系教授林损、许之衡被解聘,当时闹得沸沸扬扬。林损写信大骂蒋梦麟和胡适,后来还把此事张扬到媒体,成为北大的一段"公案"。

蒋梦麟重掌北大,把校长的权力用得淋漓尽致,明确提出"教授治学,学生求学,职员治事,校长治校"的方针。他自我评价平生做事全凭"三子":"以孔子做人,以老子处世,以鬼子办事。所谓鬼子者,洋鬼子也,指以科学务实的精神办事。"胡适赞扬蒋梦麟是一位"有魄力,有担当"的校长。

蒋梦麟一贯不主张学生参加政治运动，认为这是"中国的成年人和老人不肯出来负责任的必然结果"，而"未成年的一代人应该有安心求学的权利"。在蒋梦麟担任校长的7年里，北大只发生过一次值得记载的学生运动。他曾回忆说："一度曾是革命活动和学生运动旋涡的北大，已经逐渐变为学术中心了。"正是在蒋梦麟的执掌下，即使在风雨飘摇的战乱年代，北大的教学和科研也有稳步上升，实为一大奇迹。

北大的"功狗"

蒋梦麟在北大的"为"，把握了北大的航向，为西南联大的成功奠定了基石。而他在西南联大的"不为"，则成就了三校9年的"强强联合"，是中国近现代知识分子精神合作的一个缩影。1938年，北大、清华、南开三校迁入昆明，正式改名为西南联合大学，蒋梦麟以北大校长身份任西南联大常委。三校合并之时，难免人心不齐，凡是遇到争利益时，蒋梦麟总是选择退让。

有一次，蒋梦麟从昆明去蒙自分校，北大师生集会欢迎。多位教授在聚会上抱怨联大的种种不公平，如文学院院长经常是由清华的冯友兰连任，而不轮及北大。钱穆发言表示："日后胜利复原，各校仍是独立的，今日危难时期不要相争。"蒋梦麟听后，立即说："今夕钱先生一番话已成定论，可弗在此题上争议，当另商他事。"各教授便再无话可说。

1945年8月，蒋梦麟正式辞去北京大学校长，同时退出西南联大。胡适继任北大校长，他尚未归国时由傅斯年代理。去台后，在某次北大周年纪念时，傅斯年在演讲中称："孟邻先生学问比不上孑民（蔡元培）先生，办事却比蔡先生高明。"而他自己学问比不上胡适，办事却比胡适高明。蒋梦麟听后，忙笑言："这话对极了。所以他们两位是北大的功臣，我们两个人不过是北大的'功狗'。"

晚年，他在未完成的《新潮》一书中深情回忆："著者大半光阴，在北京大学度过，在职之年，但知谨守蔡校长余绪，把学术自由的风气，维持不堕。"1961年7月18日，蒋梦麟与第三任妻子徐贤乐秘密结婚。一年多后，婚姻就亮起了红灯，两人打起了近一年的离婚官司，一时搞得满城风雨。离婚后4个多月，1964年6月19日，蒋梦麟因肝癌病逝于台北，享年79岁。一代自由主义教育家，落寞而终，而走过那动荡纷扰的乱世中国，留下的是他一生坚毅前行的脚印。

大师巨匠
西南联大 1937—1946

梅贻琦
大学在大师，不在大楼

梅贻琦／1889—1962／字月涵，天津人。曾任清华校长，与陈寅恪、叶企孙、潘光旦同被列为清华百年历史上的"四大哲人"。
1938年任西南联合大学校委会常委。

明德至善
大学之大,有大师之谓也

1931年,"九一八"事变爆发,情势愈加紧迫,战争的阴云笼罩在国人心头。不足1个月的时间,10月14日,梅贻琦收到了国民政府任命他为清华大学校长的消息。12月3日,他毅然就职,随即发表了著名的就职演讲。

演讲现场,只见梅贻琦颀长的身材配着一身青布长衫,脸形如棱角分明的雕塑,风度翩翩,可以算得上那个时代的美男子——他曾被来中国访问的英国科学史家李约瑟誉为"中国学者的完美典型"和"中国学者的完美化身"。

他引经据典地讲道:"一个大学之所以为大学,全在于有没有好教授。孟子说'所谓故国者,非谓有乔木之谓也,有世臣之谓也'。我现在可以仿照说,所谓大学者,非谓有大楼之谓也,有大师之谓也。"这段话,成为至今仍被教育界津津乐道的名言。

此时的梅贻琦,面对着巨大的压力。国内情势风雨飘摇,学潮起荡,尤以北大、清华为甚,驱逐校长的运动可以说是此起彼伏。在他任校长之前,清华师生赶校长、赶教授是家常便饭,校长在任时间都不长。后来,梅贻琦在任17年,无论什么时候,清华的学生们的口号都是:"反对×××,拥护梅校长!"有人问他有何秘诀,他幽默地说:"大家倒这个,倒那个,就没有人愿意倒梅(霉)!"

大师巨匠
西南联大1937—1946

安安静静地去研究

1889年,梅贻琦生于天津。其父梅曾臣中过秀才,后做过盐店职员,甚而失业,家境亦每况愈下,"除去几间旧房庇身以外,够得上是准无产阶级了"。然而,父亲始终没有放弃对子女的教育。作为长子,梅贻琦自幼熟读经史,且善背诵。据他的同人回忆说,有一次梅贻琦表示:"假如我们之中有谁背诵任何中国古经传有错漏,我可以接背任何章节。"

后来,梅贻琦成为天津南开学堂的第一班学生,是张伯苓的得意门生,也是首批通过清华招考的留美公费生。其同届同学徐君陶回忆,在发榜那天,考生们都很活跃,考上的喜形于色,没考上的则面色沮丧。只见一位瘦高的学生始终神色自若,"不慌不忙、不喜不忧地在那里看榜",让人觉察不出他是否考取。后来在船上碰见了,经彼此介绍,才知道是梅贻琦。当年在全国630名考生中,梅贻琦名列第六。

1909年11月,梅贻琦到达美国,因错过了大学开学时间,被安排在马萨诸塞州的格罗顿中学插班复读,至1910年正式进入马萨诸塞州的伍斯特理工学院学习。当时人们留美,选的都是中国人熟知的学校,徐君陶后来才听说,那是一所有名的工业大学,认为梅贻琦的选择"确和一般人不同"。

梅贻琦曾撰文总结自己的留学观,告诫行将赴美的学生:"诸君在美的这几年,亦正是世界上经受巨大变化的时期,将来有许多组织或要沿革,有许多学说或要变更。我们应保持科学家的态度，不存先见，不存意气，安安静静地去研究，才是正当的办法，才可以免除将来冒险的试验，无谓的牺牲。"

终身的校长

1915年，梅贻琦学成归国，即到清华教学和担任教务长等多种职务。1931年，梅贻琦出任清华校长，自此后一直到他在台湾去世，一直服务于清华，因此被誉为清华"终身的校长"。他奠定了清华的校格，受到清华师生、校友很高的评价，"提到梅贻琦就意味着清华"。

清华前身是一所留美预备学校，颇有名气但无学术地位。著名经济学家陈岱孙回忆，1929年他到清华教书时，报名的学生并不太多，例如录取150名学生，报名者不过400人左右。而梅贻琦任校长，不到10年时间，清华大学得到长足发展，全校设有文、理、工、法、农5个学院26个系，在校师生2400多人，一跃而跻身于国内名牌大学之列。

梅贻琦认为，办大学的目的：一是研究学术；二是造就有用之才，倡导通才教育。他将治校原则概括为"民主办学，学术自由，廉洁奉公，公正严明"，并终身奉行。据陈岱孙的说法，这主要集中体现在两个方面：一是师资人才的严格遴选和延聘，即"所谓大学者，非谓有大楼之谓也，有大师之谓也"的具体表现；二是推行一种集体领导的民主制度，具体的体现就是成功地建立了由教授会、评议会和校务会议组成的行政体制。

盛传梅贻琦任校长时的清华有三难：进校门难，读学分难，出校门难。任何一门课，59.99分的成绩也要重读，没有补考，然而绝对公正。梅贻琦将自己比喻成京戏里的"王帽"角色，"他每出场总是王冠齐整，仪仗森严，文武将官，前呼后拥，'像煞有介事'。其实会看戏的绝不注意这正中端坐的'王帽'，他因为运气好，搭在一个好班子里，那么人家对这台戏叫好时，他亦觉得'与有荣焉'而已"。

寡言君子

梅贻琦个性沉静，寡言、慎言，若不与其相当熟悉，一般看不到他的言笑，时人称之为"寡言君子"。他曾说："为政不在多言，顾力行何如耳。"叶公超用"慢、稳、刚"三个字形容他，学生则作打油诗："大概或者也许是，不过我们不敢说，可是学校总认为，恐怕仿佛不见得。"陈寅恪曾说："假使一个政府的法令，可以和梅先生说话那样谨严、那样少，那个政府就是最理想的。"

梅贻琦嗜酒，并且在这一点上也堪称"君子"，以至于被酒友们尊称为"酒圣"。考古学大师李济回忆："我看见他喝醉过，但我没看见他闹过酒。这一点在我所见过的当代人中，只有梅月涵先生与蔡孑民（蔡元培）先生才有这种'不及乱'的记录。"

1947年，抗战胜利后清华第一次校庆，在体育馆摆了酒席。

由教职员开始，然后是1909级，逐级向校长敬酒。梅贻琦总是老老实实地干杯，足足喝了40多杯。他的助手孙观汉曾写文章《清华和酒》回忆："在清华全校师生员工中，梅先生的酒量可称第一……大家都知道梅先生最使人敬爱的时候，是吃酒的时候，他从来没有拒绝过任何敬酒人的好意，他干杯时那种似苦又似喜的面上表情，看到过的人，终身不会忘记。"

"诸君子名满天下，谤亦随之"，独有梅贻琦在身后赢得"翕然称之""胥无异词"。清华校史专家黄延复在"比较广泛的材料收集和研究的过程中，一直抱着'苛求'的心理"，搜寻人们对梅的"异词"或"谤语"，却迄无所获。

克尽学术自由之使命

1945年11月5日，梅贻琦在日记中写道："余对政治无深研究，于共产主义亦无大认识。对于校局，则以为应追随蔡子民先生兼容并包之态度，以克尽学术自由之使命。昔日之所谓新旧，今之所谓左右，其在学校应均予以自由探讨之机会。"他认为，这是"昔日北大之所以为北大，而将来清华之为清华"的根本。

1936年2月29日，正是年终大考的第一天，冀察政委会委员长宋哲元派出军队，到清华清查学生中的共产党。士兵们声明有命令不用枪弹，因此竟被学生缴了械，领队的团长也被扣留，运输车辆亦被掀翻。当晚，竟有一师军力的部队荷枪实弹并附有大刀队进入校园。结果，20名左右学生被捕，大都是无辜的。

据叶公超回忆，当时他和叶企孙、陈岱孙、冯友兰等聚集在梅贻琦家中商议怎么应付。几乎每个人都说了许多话，唯有梅贻琦静默不发一言。大家都等他说话，足足有两三分钟之久，他还是抽着烟一句话不说。结巴的冯友兰问梅贻琦："校长您……看怎么样？"梅贻琦还是不说话。

叶公超也忍不住说："校长，您是没有意见而不说话，还是在想着而不说话？"梅贻琦稍作迟疑，慢慢回答道："我在想，现在我们要阻止他们来是不可能的，我们现在只可以想想，如何减少他们来了之后的骚动。"经过梅贻琦的奔走斡旋，3天后，被捕的学生全部被放回，一场风波就此消解。

西南联大在办学8年的岁月里鱼龙混杂，校中既有闻一多、吴晗等进步人士，也有国民党直属区党部，有三青团直属西南联大分部，此外还有中共地下党组织和中国民主同盟的组织。梅校长协调各方，以教育为重，没有因政治原因开除过一名师生员工。

念念不忘清华

1955年，梅贻琦由美国飞台湾，开始用清华基金会利息筹办"清华原子科学研究所"，也就是台湾新竹"清华大学"的前身，被称为"两岸清华校长"。

1962年5月19日，梅贻琦病逝于台大医院，享年73岁。他逝世后,秘书把他在病中一直带在身边的一个手提包封存了。两个星期后,大家打开提包一看,原来是清华基金的账目,一笔笔非常清楚。

梅贻琦去世后葬于新竹"清华"校园西南区十八尖山之麓,此地依山傍水,居高临下,俯视全校,远眺大陆,取名为"梅园"。墓园左侧建有"梅亭",园内有校友集资栽培的花木之林,曰"梅林"。

大师巨匠
西南联大 1937—1946

潘光旦
位育概念的标本

潘光旦 / 1899—1967 / 原名光亶，又名保同，号仲昂，笔名光旦。社会学家，优生学家，民族学家，与叶企孙、陈寅恪、梅贻琦并称作清华百年历史上的"四大哲人"。
1938年至1946年，曾任西南联合大学教务长、社会学系主任。

明德至善
大学之大，有大师之谓也

1935年12月9日凌晨，北平的街头枯冷萧瑟，一场声势浩大的示威游行正在酝酿。满怀抗日怒火的学生们开始不断地集结，他们举着大旗和标语，分别朝着新华门进发。"一二·九"运动爆发了。

此时的清华大学教务长潘光旦焦急万分，一方面他"同情学生们的爱国热情"，但又不得不考虑自己有"保证学生安全与读书之责"，深恐学生与警方发生冲突造成惨案。他找到校长梅贻琦，两人联手，一边与军政当局周旋，一边劝阻学生"少安勿躁"。有人开始谣传，教务长向宪警提供了学生名单。于是，激愤的学生们围聚到办公楼前堵截潘光旦，欲施以颜色，作为报复性惩罚。

人群中央的潘光旦，体态圆润，穿一件皮夹克，戴一副深度近视眼镜，嘴里衔着一支大烟斗。最显眼的是，他挂着双拐，一只裤腿空空的。有冲动的学生，上前将双拐拿走，让其"独立"。而潘光旦头发凌乱，却保持着一贯的微笑。他一边用一条腿边站边跳以保持平衡，一边诚恳地向学生们讲着道理，极力安抚着躁动的人群。

有一个叫林从敏的学生见此情景，于心不忍，与另一名学生方钜成上前扶住潘光旦，将拐杖拾起，架着他向大礼堂走去，后面仍有一群学生不依不饶地高声喊着口号。走至台阶处，梅贻琦恰好经过，他立即快步走到潘光旦身边站定，面带愠色，表情严肃，对众人厉声说道："你们要打人，就打我好啦！你们如果认为学校把名单交给外面的人，那事由我负责。"

学生最终散去后，潘光旦专门把学生群中当时在清华做研究生的钱伟长留下，偷偷地告诉他一句话："你们听了就过去了，学校并不是完全反对你们的，不过外头不要宣传，我们做缓冲的人。"

胡圣潘仙

潘光旦原名光亶，后以亶字笔画多，取其下半改为光旦。在清华时，一次体育课中，他不慎扭伤右腿，后因其结核菌侵入膝盖，不得不截肢而至伤残。但是他不以此自伤，而是更加积极地投入研究、教学和生活中。他常撑着一个单拐打篮球。

他曾作诗抒怀："谈兵膑脚传孙子，述史丧明说左丘。"闻一多与他是清华同学，曾为潘光旦篆过一方"胜残补阙斋藏"的闲章。朋友徐志摩戏言其"胡圣潘仙"——胡圣，指胡适；潘仙，指潘光旦，比喻他为名列八仙之一的铁拐李。

潘光旦14岁入清华学堂，学习成绩在班上名列前茅，尤其是英语，发音准确、纯正，不逊英人。他曾去问清华代理校长严鹤龄："我一条腿能否出洋？"对方不假思索地回答："怕不合适吧，美国人会说中国人两条腿不够多，一条腿的也送来了！"有位教美术的美籍女教员司达得知此情，专门找到校长打抱不平："他不能出洋，谁该出洋？！"

毕业前夕，他用西方性科学理论写的《冯小青考》，受到梁启超的赏识："以吾弟头脑之莹澈，可以为科学家；以吾弟情绪之深刻，可以为文学家。"1922年开始，潘光旦先后入美国达特茅斯学院、哥伦比亚大学留学，攻读生物学。1934年，他到母校清华执教，先后任清华大学教务长、图书馆馆长及西南联大教务长、社会学系主任等职。1952年，他调入中央民族学院任教授，直至谢世。

不向古人五体投地

潘光旦一生涉及广博，在性心理学、社会思想史、家庭制度、优生学、人才学、家谱学、民族历史、教育思想等众多领域都有很深的造诣。

在西南联大演讲时，他讲到孔子时说："对于孔老夫子，我是佩服得五体投地的。"说着，他看了一眼自己缺失的一条腿，更正道："讲错了，应该是四体投地。"引得同学们大笑。这是他幽默的表述，却也是他真诚的治学之道，"不向古人五体投地，也不受潮流的颐指气使——只知道择善而从，择不善而改"。

新中国成立后，他当政协委员外出视察时，走路用双拐。有人取笑他说："潘先生的立场、观点都有问题。"他笑着回答："不只如此，我的方法也有问题，我架的双拐是美国货。"有一支烟斗是他的所爱，是用老竹根打通自制而成的，斗腹上铭有"形似龙，气如虹；德能容，志于通"。

潘光旦"用生物学的眼光盘诘人类社会"的文化生物学思想，试图"开创一种贯通自然、社会、人文三大领域的气象宏大的学问"。他提出了"自然一体""世界一家""人文一史"的新人文史观。

健全的、完整的人

在中国现代教育史上，潘光旦是最早发现专业化教育弊端，并提出通才教育思想的教育家之一。他"发挥了中国儒家的基本精神"且"利用现代科学知识"，力图为人类寻找到最理想的教育之道。

对师生关系，潘光旦有句名言："学校，犹水也，师生，犹游鱼也，其行动，犹游泳也。大鱼先导，小鱼尾随，从游既久，其濡染观摩之效，不求而至，不为而成。"他曾写过一篇《国难与教育的忏悔》，认为近代以来所谓新教育，有很多地方对不起青年和国家。"教育不知做人做士为何物，因而应该忏悔"，他说，国难的形成自有其内因外缘，若就内因来说，与当时的国民素质有很重要的关系，而归根结底，教育要负很大的责任，因为它忽略了教育一般国民做人做士的根本使命。

1937年7月7日，卢沟桥事变爆发。7月28晚，潘光旦听闻驻扎在北平郊外的二十九军副军长佟麟阁阵亡的噩耗，震惊之余悲愤不已。作为教务长的他，看到清华校园乱成一锅粥，员工们翻箱倒柜地搬东西，一幅大难临头各自逃命的景象，潘光旦拄杖而立，放声大哭起来。

8月底，他收到由天津转来的南方电报，称北大、清华和南开将在长沙组建一所临时大学，催促他南下。9月14日清晨，潘光旦赶到了北平火车东站。在中国人管理的行李房办理行李托运手续时，他发现管理人员的办事效率极低。后来他才知道，若旅客不从后面塞钱，工作人员便不肯出票，借机大发国难财。潘光旦不禁悲从心来："国难至此，尚有人如此趁火打劫，真可谓别有肺肝。中国若亡，必亡于此等所在，而不亡于武力之不如人。"

面对这种令人痛心的现实，潘光旦一再呼吁，教育首先要注重人格的培养。他认为，"教育的目的是社会的""教育必须配合社会需要"这些说法乍听起来颇有些冠冕堂皇，然而正是这些冠冕堂皇的说法及做法，使教育误入专业化、技术化歧途，而不是他心目中"健全的、完整的人"的教育。真正"自由的人"，"自知者明，自胜者强"。

他明确提出，教育的主要目的是完成一个人，教育的最大目的是促进个性发展，教育的最终目的是让受教育者完成"自我"，把自我推进到一个"至善"的境界，成为"完人"。

他推崇"士的教育"，认为"以生命做一种理想的拥护者，是士的最后也最有力的一只棋子"。这何尝不是他自许的人生使命。

大师巨匠
西南联大1937—1946

位育概念的标本

老同学梁实秋视潘光旦为"所敬爱的人物",学生费孝通称他的性格是"牛皮筋——屈不折,拉不断,柔中有刚;力不懈,工不竭,平易中出硕果"。潘光旦服膺孔子的中庸之道。孔子说:"致中和,天地位焉,万物育焉。"安所遂生,是一切生命的大欲。他认为,一切生命的目的,在于求位育,即安其所,遂其生。

费孝通称赞潘光旦,"他的人格就是位育概念的标本","先生用了毕生之力,不顾身体上的和社会上的种种常人难以克服的缺陷和劫难,坚持学习各项先进的学科,去认识人的生理和心理基础、人的社会行为和规范,以及对人处世的法制和伦理道德,力图为人类寻求一条'中和位育、遂生乐业之道'"。

费孝通晚年写了一系列师友回忆文章,不断地试图诠释上一代学者的做人原则与学术探索精神。作为第二代学者的他,曾不无伤感地指出,他这一代人"在做人的问题上要个面子",而下一代人"要不要面子已经是个问题了",而潘光旦所代表的那代人"把心思用在自己怎么看待自己"。费孝通认为,造就潘光旦那代人"人格和境界的根本",在于"儒家思想",在于"推己及人"。

1957年反右派斗争中,潘光旦被错划为右派分子,是人类学、民族学界著名五大右派(吴泽霖、潘光旦、黄现璠、吴文藻、费孝通)之一。但他从未怨天尤人,仍两次以政协委员调研的名义,用残缺之躯走遍了土家族地区,以第一手资料证实了关于土家族是单一民族的研究成果。他这种百折不挠、严于律己的精神,深受同人们赞叹。

1967年5月，潘光旦病重，未获医治。6月10日，68岁的潘光旦在学生费孝通怀中告别了人世。费孝通哀叹："日夕旁伺，无力拯援，凄风惨雨，徒呼奈何！"一生致力于寻求位育之道的潘光旦，此时灵魂终归于安详与宁静。

1999年末，中央民族大学为潘光旦举行了百年诞辰纪念会。此外，其皇皇14卷本《潘光旦文集》已由北京大学出版社公开出版，关于他的研究正逐渐进入大众的视野。穿过历史的烟尘，人们发现，口衔烟斗、拄着双拐的潘光旦，依旧是一脸微笑的模样。

文人典范

是真名士自风流

大师巨匠
西南联大 1937—1946

吴宓
疯人、情人、诗人

吴宓 / 1894—1978 / 字雨僧，本名玉衡，笔名余生，陕西省泾阳县人，中国现代著名学者、国学大师、诗人，被称为中国比较文学之父，与陈寅恪、汤用彤并称为"哈佛三杰"。曾担任西南联合大学外文系教授。

文人典范
是真名士自风流

20世纪30年代，清华大学外文系，吴宓是当时主讲英国浪漫主义诗人和希腊、罗马古典文学的教授。有人曾这样评价他："举世无双，见过一次，永生难忘。"

上课的路上，吴宓总是自豪地挺起胸脯，持手杖，坚持走直而窄的路，绝不抄近路横穿草坪。他总会早到教室10分钟，穿一袭洗得已泛白的灰布长袍，戴一顶土棉纱睡帽，一手拎布包，一手拄手杖，走上讲台。上台第一件事就是打开布包，取出墨盒和一红一黑两支毛笔。他的英文讲义也是用毛笔书写的。

吴宓总会亲自擦好黑板，提前将本堂课的大纲写满整个黑板。有一次找不到黑板擦儿，他便用自己的衣袖擦黑板。学生们发现，他从不写简笔字，字体全部是正楷，端庄方正，一丝不苟，英文则是印刷体。他全部是默写出来，不曾见翻看讲义。而吴宓本人头顶端正，胸背笔直，像个骰子，好一派尊严之气。

开讲时，笔记或随身携带的纸片他连看都不看一眼，所讲内容脱口而出，一气呵成。讲到得意处，他便拿起手杖，随着诗的节律，一轻一重地敲着地面，洋溢着热情，有时眉飞色舞。一时兴起，吴宓会当众朗诵自己的诗作，甚至是他写给女子的情诗，引得台下的学生们一阵阵骚动。他教过的学生有钱锺书、曹禺、

大师巨匠
西南联大1937—1946

吕叔湘、李赋宁……

上课像划船的奴隶那样卖劲

关于吴宓的面貌,温源宁曾做过极为生动的描述:千金难买,特殊又特殊,跟一张漫画丝毫不差。他的头又瘦削,又苍白,形如炸弹,而且似乎就要爆炸。头发好像要披散下来,罩住眼睛、鼻子,幸而他每天早晨把脸刮干净,总算有所修整了。他脸上七褶八皱,颧骨高高凸起,双腮深深陷入,两眼盯着你,跟烧红了的小煤块一样——这一切,都高踞在比常人长半倍的脖颈之上;那清瘦的身躯,硬邦邦,直挺挺,恰似一根钢棍。

吴宓教授从走上讲台的那一天起,便以备课认真著称。温源宁说他"严守时刻,像一座钟,讲课勤勤恳恳,像个苦力"。更有学生形容他"上课像划船的奴隶那样卖劲"。

别人有所引证,总是打开书本念原文,吴宓却不管引文有多长,老是背诵,又都十分准确。无论讲解什么问题,他跟练兵中士一样,讲得有条有理,第一点这样,第二点那样。他总是直抒己见,言之有物,概不模棱两可,总是斩钉截铁。

在南岳时,教授宿舍紧张,吴宓与沈有鼎、闻一多、钱穆同住一室。吴宓为次日上课备课,抄写笔记、纲要,逐条写,又有合并,有增加;写好后,用红笔加以勾勒。次日,必是吴宓最先起床,一人独自出门,在室外晨曦微露中,拿出昨晚所写条目,反复诵读。等他人都起床后，吴宓回到宿舍。

钱穆感慨："余与雨僧相交多年，亦时闻他人道其平日之言行，然至是乃深识其人，诚有卓绝处。"

除了学术和爱情问题，一概免谈

英国戏剧家萧伯纳曾说过："人生有两大悲剧：一是得不到想得到的东西，一是得到不想得到的东西。"学术上极为严谨的吴宓，在感情世界中却充满着激情四溢的冲动以及左顾右盼的痛苦。

"女儿是水做的骨肉，男儿是泥做的骨肉，我见了女儿便清爽，见了男人便觉浊臭逼人"，吴宓曾在课堂上公开表达对这句话的认同，宛若《红楼梦》中的贾宝玉。吴宓将能成为《红楼梦》中的"紫鹃"作为自己的最高理想，因为紫鹃对林黛玉的爱护"最纯粹"。

当年昆明文林街开了一家小饭馆，饭馆老板脑袋一热，想取名为"潇湘馆"。吴宓听说后大为恼火，认为这亵渎了他心中的林妹妹，因为林妹妹住的地方就叫"潇湘馆"。于是，吴宓提着手杖前去说服；说服不了，就用手杖一顿乱砸，逼得老板只好把"潇湘馆"改作"潇湘"，吴宓这才作罢。

当年在清华大学上课时，吴宓看到女学生站着听课，会立刻跑出去替她们找来凳子坐。有一次点名点到"金丽珠"这个名字，吴宓情不自禁地说："这个名字多美。"全班大笑，弄得这位女学生满脸通红。更离谱的是，吴宓还为女学生作弊，自己费劲翻译的文章，署上女学生的名字拿去发表。

吴宓是个勇敢的痴情人，他把自己的情诗发表在报纸上，其中有"吴宓苦爱毛彦文，三洲人士共惊闻"两句。大家让金岳霖去劝吴宓，他便对吴宓说："你的诗好不好我们不懂，但其中涉及毛彦文，这就不是公开发表的事情。这是私事情，不应该拿到报纸上宣传。我们天天早晨上厕所，可我们并不为此宣传。"

这一下子吴宓勃然大怒，拍着桌子就说："我的爱情不是上厕所！"金岳霖哑巴吃黄连，弄巧成拙，一下也不知道怎么解释，就站着听吴先生骂了半天。

疯人、情人、诗人

吴宓很喜欢莎士比亚的一句名言："疯人，情人，诗人，乃三而一、一而三者。"这也是他本人的自况。有人统计过，跟吴宓有过情感纠葛的女生，仅在其日记、书信、诗词等私人文字中出现过的，就不下十几位。

当然，在吴宓情感史上知名度最高的女人，还是毛彦文。她本是吴宓读清华时的同桌朱君毅的表妹兼未婚妻，吴宓每次得见毛彦文写给朱君毅的情书，渐渐对这位多情而多才的毛妹妹动了心。虽然后来吴宓与陈心一结婚，但是7年后以其为"旧式女子"为由而离婚。

此时，朱君毅也与毛彦文以"近亲不能结婚"为由，刚刚解除了婚约。原本暗恋毛彦文的吴宓，对毛彦文展开了感情攻势。吴宓的行为遭到了亲朋好友的一致谴责，他的父亲更是公开地指斥他"无情无礼无法无天"。

在吴宓猛烈的"炮火"之下，毛彦文还真的心动了，一度想嫁给吴宓。1931年，毛彦文曾到巴黎和吴宓相会。然而，后来吴宓开始跟其他女子生出情感纠葛，毛彦文一气之下嫁给了66岁的前北洋国务总理熊希龄。

对吴宓的情事，其清华同学兼同事顾毓琇以"千古多情吴雨僧"一语加以概括。

中国的白璧德

在南京任教期间，吴宓与柳诒徵、刘伯明、梅光迪、胡先骕、汤用彤等创办《学衡》杂志，任总编辑。该刊11年间共出版79期。其宗旨主要是提倡国学，兼介绍欧美学术。因与白话文持异议，与当时的新文化运动形成对峙之势。这一时期他撰写了《中国的新与旧》《论新文化运动》等论文，采古典主义，抨击新体自由诗，主张维持中国文化遗产的应有价值，尝以"中国的白璧德"自任。

吴宓一意捍卫国学和文言文，对倡导白话文的胡适意见甚大。有一次，他与胡适在一个聚会上相遇，当时北京人流行用"阴谋"

二字，胡适戏问："你们《学衡》派，有何新阴谋？"吴宓说："有。"胡适笑着说："可得闻乎？"吴宓说："杀胡适！"这段对话一时成为笑谈。

1925年初，清华欲设立国学研究院，在校长曹云祥主持下，由国学研究院主任吴宓出面，先后聘请了王国维、梁启超、赵元任、陈寅恪、李济为教授。这就是后来名动天下、流传久远的"五星聚奎"。

冯友兰曾说："雨僧（吴宓）一生，一大贡献是负责筹备、建立清华国学研究院，并难得地把王、梁、陈、赵四个人都请到清华任导师。他本可以自任院长的，但只承认是'执行秘书'。这种情况是很少有的，很难得的！"

"我是吴宓教授！"

在"文化大革命""批林批孔"运动大潮中，吴宓却敢于喊出"头可断，孔不可批"。为此，他受到残酷批斗和监禁劳改，但他依然"不思悔改"，依然坚持自己的"中西融合"的治学理念，坚持肯定中华文化的价值所在。

1978年1月17日凌晨3时，在陕西泾阳县的一家医院，84岁的吴宓拖着一条跛腿，带着一双失明的眼睛，走完了他最后的人生旅程。弥留之际，他挣扎着疾声振呼："给我开灯，我是吴宓教授！给我水喝，我是吴宓教授！给我饭吃，我是吴宓教授！"此时,已经难以将他与当年那位挺胸抬头地走路、热情洋溢地朗诵诗歌的吴宓形象联系在一起了。

这位"彻头彻尾的浪漫主义者",犹如他生前自比为的古希腊悲剧英雄,离开了这个他热爱却又让他痛苦的人世间。3年后的忌日,吴宓的骨灰由妹妹吴须曼送至安吴堡,葬在了嵯峨山下。

大师巨匠
西南联大1937—1946

刘文典
是真名士自狂狷

刘文典／1889—1958／原名文聪，字叔雅，笔名刘天民。安徽合肥人，原籍安徽怀宁，现代杰出的文史大师、校勘学大师与研究庄子的专家。代表作有《淮南鸿烈集解》《庄子补正》《三余札记》等。
1938年在西南联合大学中国文学系任教。

文人典范
是真名士自风流

1928年11月,刚上任国民政府主席兼陆海空三军司令的蒋介石巡视安徽,所到之处,无不受到热烈欢迎。28日,他出城游览菱湖,途中经过安徽大学,便带随从入内。可当他进入校园后,到处冷冷清清,没有预料中的"欢迎如仪"的隆重场面,甚至连学生都没碰到几个。

校长刘文典在此之前便宣称"大学不是衙门",断然拒绝了蒋介石的视察,他也果真连面都不露。蒋介石心中极为不快,但又不便于发作,只好强忍心中不满,视察完安徽大学,无趣而返。

蒋介石回到住处后,安徽教育厅厅长韩安立即向他汇报23日安徽学界爆发了一场颇具规模的学潮,并指控刘文典为此次学潮的后台。蒋介石随即借此事端传刘文典"觐见",要他交出闹事学生与共党分子。

此前,刘文典就曾扬言:"我刘叔雅非贩夫走卒,即是高官也不应对我呼之而来,挥之而去。我师承章太炎、刘师培、陈独秀,早年参加同盟会,曾任孙中山秘书,声讨过袁世凯,革命有功。蒋介石一介武夫耳,其奈我何!"

见蒋介石时,刘文典戴礼帽、着长衫,昂首阔步,"跟随侍从飘然直达蒋介石办公室"。蒋介石面带怒容,既不起座,也不让座,冲口即问:"你是刘文典吗?"刘文典火冒三丈,也冲口而出:"字叔雅,文典只是父母长辈叫的,不是随便哪个人叫的!"

这更激怒了蒋介石,蒋一拍桌子,怒吼道:"无耻文人!你怂恿共党分子闹事,该当何罪?"刘文典应声反驳蒋介石所言为不实之词,大声呼喊:"宁以义死!不苟幸生!"

说到激烈处,两人互相拍桌大骂,一个骂"你是土豪劣绅",一个骂"你是新军阀"。蒋介石恼羞成怒,大吼:"看我能不能枪毙你!"刘文典把脚往地下一跺说:"你就不敢,你凭什么枪毙我?"蒋介石咆哮道:"疯子!疯子!把他扣押起来!"

疾恶真推祢正平

刘文典终于被押进大牢,消息传出后,教育界哗然。安大师生立即组成"护校代表团",与安庆多所中学的学生400余人,聚集在省府前请愿,要求释放刘文典,收回关押、开除学生的成命。

蔡元培、蒋梦麟、胡适分别致电蒋介石,历数刘文典为人、治学及任《民立报》主笔时宣传革命的功绩,劝蒋恕其一时语言唐突,并"力保其无他"。经陈立夫从中斡旋,蒋介石最后放了人,但附前提——迫令刘文典"即日离皖"。

刘文典离开安大后,于次年初拜访他的老师章太炎,讲述了安大事件始末。章太炎听罢,十分欣赏刘文典的气节,抱病挥毫写了一副对联赠之:"养生未羡嵇中散,疾恶真推祢正平。"

刘文典后来跟冯友兰说，当被蒋介石囚禁时，他已经做好了杀身成仁的准备："我若为祢正平，可惜安庆没有鹦鹉洲；我若为谢康乐，可惜没有好胡子。"

气节不可污

1911年辛亥革命爆发后，青年时代的刘文典怀着满腔激情，从日本回国，在上海于右任、邵力子等主办的《民立报》担任编辑，宣传民主革命思想。1913年，他再度赴日本，随后加入中华革命党，并任孙中山秘书。

1916年，刘文典回国后，看到各路军阀混战，饿殍遍野，愤而远离政治据点，专心致力于学问研究。此时，他由陈独秀介绍，到北大任教，讲授"古典文学""古籍校勘学"等课程。

"五四"期间，刘文典站在新文化运动的一边，曾在陈独秀主办的《新青年》杂志编辑部担任英文编辑，翻译了《近世思想中之科学精神》《叔本华自我意识说》《富兰克林自传》《美国人之自由精神》等外国学术论著。

卢沟桥事变后，刘文典没有来得及与清华、北大等校师生撤离南下，滞留北平。其间，日军曾多次派人请他出来教学并在日伪政府做官，他说"读书人要爱惜自己的羽毛"，认定"气节不可污"，断然拒绝。

大师巨匠
西南联大 1937—1946

观世音菩萨

刘文典上课征引繁富，经常一堂课只讲一句话，故而讲《文选》，一个学期只能讲半篇《海赋》。上课前，先由校役带一壶茶，外带一根两尺来长的竹制旱烟袋。讲到得意处，他便一边吸旱烟，一边解说文章精义，下课铃响也不理会。

每逢讲授诗歌，刘文典常常摇头晃脑、浅吟低唱，每到激越处则慷慨悲歌。他不仅自己吟诵，还要求学生模仿。有的同学不遵命，他虽不悦，但也不苛责，只是打比方点拨："诗不吟，怎知其味？欣赏梅（兰芳）先生的戏，如果只是看看听听而不出声吟唱，怎么能体会其韵味呢？"

有一次，刘文典上了半小时的课便结束了上一讲的内容。学生以为他要开讲新课。这时，他忽然宣布说："今天提前下课，改在下星期三晚饭后七时半继续上课。"

到了那一天，恰是阴历五月十五，皓月当空。晚饭后，他吩咐学生将课堂搬出教室，在校园里摆下一圈座位。刘文典坐在中间，当着一轮圆月，大讲《月赋》，"俨如《世说新语》中的魏晋人物"，听者"沉醉其中，不知往返"。

有一次在课堂上，学生问刘文典怎样才能把文章写好，他说只要注意"观世音菩萨"就行了。众学生不解，他加以解释说："'观'是要多多观察生活；'世'是要明白社会上的人情世故；'音'是文章要讲音韵；'菩萨'是要有救苦救难、为广大人民服务的菩萨心肠。"学生闻言，无不应声叫好。

两个半人而已

1939年，刘文典完成了《庄子补正》《说苑斠补》等书的校勘、编撰。陈寅恪为《庄子补正》作序："然则先生此书之刊布，盖将一匡当世之学风，而示人以准则，岂仅供治《庄子》者必读而已哉？"自此，刘文典的身价倍增，获得了"庄子专家"的美誉。

每上《庄子》课时，刘文典第一句总会自负地说："《庄子》嘛，我是不懂的喽，也没有人懂！"有人问刘古今治《庄子》者的得失，刘大发感慨道："古今以来，真懂《庄子》者，两个半人而已。第一个是我刘文典，第二个是庄周，另外半个嘛……还不晓得！"

刘文典素来看不起新文学作家，认为"文学创作的能力不能代替真正的学问"。当获悉西南联大准备将沈从文提升为教授时，他勃然大怒，公开在课堂上说："陈寅恪才是真正的教授，他应该拿400块钱，我该拿40块钱，朱自清可拿4块钱。可我不会给沈从文4毛钱。沈从文都要当教授了，那我是什么？那我岂不成了太上教授了吗？"

在西南联大时，一次跑警报，沈从文经过刘文典，刘文典立刻面露不悦之色，顾不上自己跑得气喘吁吁，呵斥道："你跑什么跑！我跑是为了保存《庄子》，学生跑是为了保存文化火种，你替谁跑？"

大师巨匠
西南联大1937—1946

只吃鲜桃一口

刘文典常向学生自夸:"别人不识的字,我识;别人不懂的篇章,我懂。你们不论来问什么问题,我都会予以解答。"他曾讲元好问、吴梅村诗:"这两位诗人的诗,尤其是吴梅村诗,老实说,比我高不了几分。"

吴宓在西南联大开《红楼梦》讲座,自认红学家的刘文典对吴宓的观点不能苟同,就唱"对台戏"。有一次,原定他在西南联大一小教室中开讲《红楼梦》,后因听讲者太多,容纳不下,只好改在教室前的广场上讲。届时早有一批学生席地而坐,等待开讲。

据马逢华回忆,当时天已近晚,讲台上已燃起烛光。不久,刘文典身着长衫,慢步登上讲台,缓缓坐下。一位女生站在桌边从热水瓶里倒水为刘斟茶。他从容饮尽一盏茶后,霍然站起,如唱"道情"一般,有板有眼地念出开场白:"只——吃——仙——桃——一口,不——吃——烂——杏——满筐!……我讲《红楼梦》嘛,凡是别人说过的,我都不讲;凡是我讲的,别人都没有说过!今天给你们讲四字就够!"

接着,刘文典在身旁小黑板上写下了"蓼汀花溆"四个大字,然后大抒己见:"元春省亲大观园时,看到这幅题字,笑道,'花溆'二字便好,何必'蓼汀'?'花溆'反切为'薛','蓼汀'反切为'林',可见当时元春已然属意薛宝钗了……"

是真名士自狂狷

1949年末,国民党退败台湾之际,胡适曾动员刘文典去美国,已替他找妥具体去所,并为他一家办好了入境签证。在这关键时刻,刘文典谢绝了,他说:"我是中国人,为什么要离开我的祖国?"

20世纪50年代,大陆批胡(适)运动如火如荼,刘文典没有任何口头、书面形式的对胡的批判。据一位同事回忆,学校组织的批判学习大会,刘文典都会参加,但是很少发言。别人讲话时,他要么装着记录,要么闭眼休息。

1957年,刘文典被认定为"反动学术权威",亦遭到批判。当时有人对他批判的"罪状"之一就是,开批判会时,他竟然"靠在沙发上睡大觉"。

刘文典知道自己狂傲,曾反省自己:"以己之长,轻人之短,学术上骄傲自大,是我的最大毛病。"钱理群评价他:刘文典的"狂"是真的。所谓"狂",无非是把自己这门学科看成"天下第一",而若自己不在,这门学科就没了!于是有人说,刘文典"是真名士自狂狷"。

1958年7月15日,刘文典病逝于昆明,享年69岁。按照他的遗嘱,家人将他收藏的文物全部捐献给了安徽博物馆。

大师巨匠
西南联大1937—1946

朱自清
最完整的人格

朱自清／1898—1948／原名自华，号秋实（取"春华秋实"之意），字佩弦，后改名自清，江苏扬州人，原籍浙江绍兴，现代著名散文家、诗人、学者、民主战士。主要散文集有《匆匆》《春》《荷塘月色》等，诗集有《雪朝》（与人合著）等，诗文集有《踪迹》，文艺论著有《诗言志辨》《论雅俗共赏》等。
1938年3月到昆明，任西南联合大学中国文学系主任。

文人典范
是真名士自风流

1928年秋日的一天，扬州东关街仁丰里一所简陋的屋子里，朱自清的三弟朱国华接到了开明书店寄赠的《背影》散文集，忙奔上二楼父亲的卧室，送给父亲朱鸿钧先睹为快。

此时的朱鸿钧已行动不便，就挪到窗前，依靠在小椅上，戴上了老花眼镜，一字一句诵读儿子朱自清的文章《背影》。诵读时，父亲的两眼老泪纵横，手不住地颤抖，但读完后，昏黄的眼珠却放射出光彩。他明白儿子读懂了自己过去的关心，也明白自己错怪了儿子，他谅解了儿子。

文章早在3年前就写好了，关于写作的起因，朱自清曾说："就因为文中所引的父亲的来信里的那句话。当时读了父亲的信，真的泪如泉涌。我父亲待我的许多好处，特别是《背影》里所叙的那一回，想起来跟在眼前一般无二。我这篇文只是写实……"

这本《背影》是朱自清的第一本散文集，立即被大家称赞为"天地间第一等至情文学"，父亲那肥胖的，着青布棉袍、黑布马褂的背影，深深刻在了人们的脑海里。它的出版，奠定了朱自清在文坛上的地位，他的散文成就从此得到世人公认。

大师巨匠
西南联大1937—1946

宁廉洁正直以自清乎

朱家是书香门第。朱自清是家中长子,父亲朱鸿钧对他寄予了很大的希望,希望他有朝一日能光宗耀祖。所以父亲从小就对朱自清既格外宝贝,又严加培养,一方面尽力保证小朱自清的生活无忧,一方面对小朱自清学习督教甚严。

朱自清小时候,科举初废,新学刚兴。父亲对新式学校的教学方法和读书效果很是怀疑,便把他送到秀才或举人那里学习古文和诗词。放学回来,父亲总要过目小朱自清的作文。

经常是在晚饭时分,小朱自清搬个小板凳坐在父亲身旁,父亲朱鸿钧一边喝着老酒,一边摇头晃脑低吟着小朱自清的作文。看到先生给予好评,父亲就点头称好,欣然喝酒,顺手奖给儿子几粒花生米或一块豆腐干;看到文章所评不好、字句被删改太多,父亲朱鸿钧就训斥儿子,即使小朱自清泪眼汪汪也不放过,甚至一把火把小朱自清的作业烧掉。

在父亲严格督促下,小朱自清在古诗文和经史方面打下了坚实的基础,使朱自清具有深厚的文化素养,这对朱自清以后成为一代散文大家影响巨大。

1916年夏,朱自清考进北京大学预科。由于父亲失业"赋闲",失去了经济来源,家中又人口众多,家里经济非常拮据。朱自清为减轻家里负担,提前投考北大,进入哲学系。

朱自清之名是他1917年报考北京大学时改用的,典出《楚辞·卜居》中的"宁廉洁正直以自清乎"。这是屈原被流放时请太子卜为自己占卦时说的话，意思是廉洁正直使自己保持清白。朱自清以此来勉励自己在困境中不丧志，不同流合污，保持清白。他同时还取字"佩弦"，意为弓弦常紧张，性缓者佩弦以自警。

至诚的态度

朱自清的散文朴素缜密、清隽沉郁，语言洗练，文笔清丽，极富真情实感。他以独特的美文艺术风格，为中国现代散文增添了瑰丽的色彩，为建立中国现代散文全新的审美特征，创造了具有中国民族特色的散文体制和风格。

1923年8月，朱自清与好友俞平伯同游南京，夜泊秦淮河，领略秦淮风韵。这次泛舟河上，给两人留下了深刻的印象，离开南京时，两人相约作同题散文纪念这次旅程。

同年秋天，朱自清到温州十中教书，10月11日，即完成了著名的游记散文《桨声灯影里的秦淮河》。发表之后，此文被时人称作"白话美术文的模范"，至今仍被视为描写秦淮河的名作。

朱自清散文的感情的真挚有口皆碑。他追求"真""就是自然"，强调"修辞立其诚"。正是这种"至诚的态度"，使他把自己的真情实感都倾注在字里行间。这种从心灵深处流露出来的喜怒哀乐之情，更容易引起读者的共鸣。

大师巨匠
西南联大1937—1946

讲得也真卖劲

朱自清做事极其认真，教书、做人有自己的原则。学生陈天伦曾回忆朱自清在温州上课时的情景："朱先生来教国文，矮矮的，胖胖的，浓眉平额，白皙的四方脸。经常提一个黑色皮包，装满了书。不迟到，不早退。管教严，分数紧，课外另有作业，不能误期，不能敷衍。最初我们对他都无好感，至少觉得他比旁的先生特别：啰唆多事，刻板严厉……但他教书的方法，真是亲切而严格，别致而善诱。"

1925年暑假，清华加办大学部，成立国文系。在好友俞平伯的大力推荐下，朱自清被聘为清华教授，从此正式走上大学讲台。据吴组缃回忆，朱自清上课"讲得也真卖劲"。朱自清常是一手拿着讲稿，一手拿着叠起的白手帕，一面讲，一面看讲稿，一面用手帕擦鼻子上的汗珠。

朱自清讲课一般是援引别人的意见，极少说他自己的；偶尔说及，也是嗫嗫嚅嚅的，显得要再三斟酌词句，唯恐说丢一个字，但说不上几句，他就好像觉得已经越出了范围，赶紧打住。于是，又开始连连用他那叠起的白手帕抹汗珠……

1937年8月5日，日军占领清华园，朱自清收拾行装准备南下，9月23日只身冒险离开北平，后到达蒙自，担任西南联大的中文系主任。虽然条件异常艰苦，但朱自清对教学依然一丝不苟。学生冯钟芸回忆，朱自清的课需要引用的资料很多，这些全部都由他自己写在黑板上。两堂课里，黑板总是擦了写、写了又擦，弄得他两手白粉，甚至累得两颊泛红。

国家已到危急存亡关头！

抗战时期，西南联大在叙永县城设有西南联大叙永分校。在叙永的那段日子里，朱自清仍是按时作息，孜孜不倦地治学。随身带的行李中，这箱是书，那箱也是书。午夜，人们都已呼呼入睡，而他仍俯首案前，在昏暗的煤油灯下不停地翻书查资料，笔耕不停。

在那里，朱自清遇见了多年不见的好友李广田，他们多次交谈，主要是讨论抗战文艺，特别是抗战的诗。后来，李广田写道："相隔十年，朱先生完全变了，穿短服，显得有些消瘦，大约已患胃病，特别引起我注意的是他的灰白头发和长眉毛，我很少见过别人有这么长眉毛的，当时还以为这是一种长寿的征象。"

朱自清还曾先后应叙永县立初级中学、私立培根小学的邀请，给学生做学术演讲和抗日演讲。特别是1941年10月朱自清在叙永县立初级中学的一次抗日演讲，至今仍是叙永人激励后生的最好教材。

朱自清在演讲中大声疾呼："国家已到危急存亡关头！青少年应有爱国家、爱民族、爱自由的伟大志气。不要辜负大好时光，刻苦学习，将来担负起挽救国家、民族的伟大使命，打败敌人，收复失地，誓雪国耻……"他鼓励学生们"要努力学好各门功课，就如同拿起枪炮上前线杀日本鬼子一样。"当年很多听过朱自清演讲的学生深受鼓舞,有的初中毕业就奔赴抗日前线。

最完整的人格

李广田称朱自清有"最完整的人格":"朱先生有至情,可并不一天到晚缠绵悱恻;他爱真理,也并不逢人说教;他严肃认真,却绝不板起面孔,叫人不敢亲近,只感到枯燥无味。他是极有风趣的,他的风趣之可爱可贵,正因为他的有至情、爱真理、严肃而认真。"

1948年6月间,国民党政府的法币像大江东下一样,时时刻刻在贬值,买一包纸烟要几万块钱。教授的薪水虽然月月在涨,但法币贬值更快,物价涨得更快,一时民怨载道。原来生活比较优越的教授们,此时也和广大人民一样难以生活下去,特别是家口众多的人,生活更为困难。

在这种情况下,美国便耍了一个手法,发了一种配购证,持证可以用较低的价格买到"美援的面粉"。也正当这个时候,美国政府积极扶助日本,美国驻华大使司徒雷登对中国人民发出诬蔑和侮辱的叫嚣。一面是廉价收买,一面是扶植日本,侮辱中国人民。北京一些教授商量了一下,要揭穿国民党政府的阴谋,抗议美国政府的侮辱,发表一个公开声明。

1948年6月18日,朱自清愤而在《抗议美国扶日政策并拒绝领取美援面粉宣言》上签了名。此时他的胃病已经到了相当严重的地步，体重不足80斤，迫切需要营养和治疗，家里还有大大小小7个孩子，负担极重。但他仍旧拒绝这种"收买灵魂性质"的施舍，并嘱告家人不买配售面粉。朱自清曾说："气是敢作敢为，节是有所不为——有所不为也就是不合作。忠而至于死，那是忠而又烈了。"毛泽东后来在《别了，司徒雷登》一文中称赞朱自清"表现了我们民族的英雄气概"。

  1948年8月12日，严重的胃溃疡已经导致朱自清的胃穿孔，他最终不幸逝世，享年仅50岁。临终前，朱自清用颤抖的手抓住妻子陈竹隐断断续续地说："要记住，我是在拒绝美援面粉的文件上签过名的，我们家以后不买美国面粉。"书桌抽屉里留有半篇文章《论白话》，只写了1700字，而这，是曾用深情的笔触写下父亲的背影的朱自清，留给世人的最后身影。

大师巨匠
西南联大1937—1946

沈从文
非常非常的"平常"

沈从文／1902—1988／原名沈岳焕，笔名休芸芸、甲辰、上官碧、璇若等，乳名茂林，字崇文，湖南凤凰县人。现当代著名作家、历史文物研究家、乡土文学代表人物。1924年开始文学创作。代表作为《边城》《长河》《中国古代服饰研究》。1938年，任西南联合大学中文系教授。

文人典范
是真名士自风流

  1924年，一个寒冷的冬日，漫天的大雪掩盖了北平的街道。一间潮湿发霉的小房间显得愈加落败、寂寞。屋内没有炉子，沈从文正弓着身子，伏在昏暗的角落里奋笔疾书。他身着两件夹衣，用旧棉絮裹住双腿，双手冻得发肿，流着鼻血，但全部的注意力，仿佛都扎进了面前的稿纸中。

  这时，有一个30多岁的清瘦男子站在门口，叫起了这位年轻人的名字。沈从文倏地站起身，将那人请进来。来人说："哎呀，你原来这样小！我是郁达夫，看过你的文章，好好地写下去……"借着微弱的灯光，郁达夫仔细端详着眼前的这位年轻人。他身材瘦小，戴着眼镜，稍显木讷，但举止文雅，温和地笑着，典型的文弱书生的气质。面容少有血色而苍白，但他有一双闪亮而有神的眼睛，冲淡了些许身心的憔悴。

  郁达夫请沈从文到公寓大厨房吃饭，菜有葱炒羊肉片，结账时一共约1元7角。饭后，两人又回到沈从文的住处谈了一会儿。郁达夫走时，将他的一条淡灰色羊毛围巾和吃饭找回的三元多零钱留给了沈从文，沈从文当时俯在桌上哭了起来。多年后，这位仅小学毕业的年轻人，凭借他的文学创作开始立足文坛，乃至后来获得诺贝尔文学奖提名。

大师巨匠
西南联大1937—1946

乡土文学之父

初到北京的沈从文,怀里只揣有7块6毛钱。在日后的两年半中,他几乎没有任何经济来源,经常为弄不到一点东西"消化消化"而发愁。

在酉西会馆住了半年光景之后,表弟黄村生替沈从文在银闸胡同的一个公寓找了一间由贮煤间改造而成的小房间。房间又小又潮,只有一个小窗口,房内仅能搁一张小小的写字桌、一张小床,沈从文称之为"窄而霉小斋"。

1925年,沈从文得到了第一笔稿费——7毛钱。他很是高兴,觉得终于有出路了,但实际上他还是养活不了自己。唯一的办法便是坐在斗室里不停地写。他的身体十分虚弱,三天两头会头疼难禁,不停流鼻血,弄得嘴角、下巴、衣服、稿纸以至毛巾上到处是血。

30年代起,他开始用小说构造他心中的"湘西世界",完成一系列代表作,如《边城》《长河》和散文集《湘行散记》等。他以"乡下人"的主体视角审视当时城乡对峙的现状,批判现代文明在进入中国的过程中所显露出的丑陋,这种与新文学主将们相悖的观念,大大丰富了现代小说的表现范围。

沈从文一生创作的结集约有80多部,是现代作家中成书最多的一位。研究者评论说,沈从文的小说平静而哀怨,美丽中透着悠长的感伤。由于其创作风格的独特,沈从文在中国文坛中被誉为"乡土文学之父"。

只想造希腊小庙

沈从文认为"美在生命",虽身处虚伪、自私和冷漠的都市,却醉心于人性之美。他说:"这世界或有在沙基或水面上建造崇楼杰阁的人,那可不是我,我只想造希腊小庙。选小地作基础,用坚硬石头堆砌它。精致、结实、对称,形体虽小而不纤巧,是我理想的建筑,这庙供奉的是'人性'。"

凤凰城墙外绕城而过的清澈河流,是沈从文儿时的乐园,给予他无穷的享受。沈从文个子小,人精瘦,非常机灵,滑稽有趣,常常逗得寨中老少捧腹大笑,人送外号"沈蛇崽"。

沈从文爱逃学,被发现后,总会被大哥责打,有时还要被罚跪。跪着的时候,沈从文便想外面的世界,"按照天气寒暖,想到河中鳜鱼被钓起离水以后拨剌的情形,想到天上飞满风筝的情形,想到空山中歌呼的黄鹂,想到树木上累累的果实"。想着这些,他就忘记了被处罚的痛苦,忘了时间,被叫起来之后,他也不觉得委屈。

沈从文曾自述早年生活:"做过许多年补充兵,做过短期正兵,做过三年司书,以至当流氓。"沈从文15岁当兵,5年行伍生涯,大部分时间辗转于湘西沅水流域。

1922年,沈从文脱下军装,来到北京。他渴望上大学,可是仅受过小学教育,又没有半点经济来源的他,最终只能在北京大学旁听。他立志用手中的一支笔打出一个天下,"我只想把我生命所走过的痕迹写到纸上"。

大师巨匠
西南联大1937—1946

我第一次上课，见你们人多，怕了

徐志摩介绍沈从文到胡适任校长的中国公学任教。第一次登台授课，沈从文既兴奋又紧张。沈从文站在讲台上，抬眼望去，只见黑压压一片人头，心里陡然一惊，再看见无数期待的目光，脑子里顿时一片空白，原先想好的话全都忘记了。众目睽睽之下，他竟呆呆地站了近10分钟。

好容易开了口，他一面急促地讲述，一面在黑板上抄写授课提纲。原本准备了1小时的内容，他只用了十多分钟便全部讲完。最终，他只好拿起粉笔，在黑板上写道："我第一次上课，见你们人多，怕了。"

下课后，学生们议论纷纷。有人说："沈从文这样的人也来中公上课，半个小时讲不出一句话来！"这议论传到校长胡适的耳朵里，胡适竟笑笑说："上课讲不出话来，学生不轰他，这就是成功。"

后来，沈从文逐渐适应了讲课，并成为很受欢迎的教授。汪曾祺回忆，沈从文在西南联大上课时，"不用手势，没有任何舞台道白式的腔调，没有一点哗众取宠的江湖气。他讲得很诚恳，甚至很天真"。

癞蛤蟆第十三号

"我行过许多地方的桥,看过许多次数的云,喝过许多种类的酒,却只爱一个正当最好年龄的人。"沈从文的这句情话,最打动人心。他与张兆和之间的爱情故事,也常为世人艳羡。

张兆和聪明可爱,单纯任性,在中国公学曾夺得女子全能第一名。由于她皮肤黝黑,还显得婴儿胖,被广大男生雅称为"黑凤""黑牡丹"。张兆和身后有许多追求者,她把他们编成了"青蛙一号""青蛙二号""青蛙三号"。二姐张允和曾取笑说,沈从文大约只能排为"癞蛤蟆第十三号"。

木讷的沈从文第一堂课就洋相百出,他万万没有想到,在那些目睹他出洋相的女学生中,就有以后成为他夫人的张兆和。沈从文从看到张兆和开始,就动心了。自卑木讷的他不敢当面向张兆和表白爱情,于是悄悄地给兆和写了第一封情书。

沈从文的坚持,终于打动了张兆和。经过3年又9个月的马拉松之恋,1933年9月9日,他们在当时的北平中央公园宣布结婚,但并没有举行任何仪式,新居是北平西城达子营的一个小院子。

非常非常的"平常"

黄永玉说:"如果硬要在他(沈从文)头上加一个非常的形容词的话,他是非常非常的'平常'。他的人格、生活、情感、欲望、工作和与人相处的方式，都在平常的状态运行。"

"文革"开始后，60多岁的沈从文挨批挨斗之余的工作是扫厕所。沈从文干得尽心尽责，连缝道中的污垢都被他用指甲抠了出来。他曾有些得意地说："我打扫的厕所在当时可是全北京最干净的。"

文学创作受到批判后，敏感、脆弱的沈从文在惴惴不安中终于选择了放弃，开始专注于文物的研究。近40年的时间里，沈从文小心规避着跟文学之间的任何联系，以至销声匿迹。1981年，他出版了历时15年写成的《中国古代服饰研究》专著，被认为学术价值和收藏价值极高。

1988年5月10日下午5点，沈从文感到气闷和心绞痛，家人忙给急救站打电话。沈从文没有等到救护车的到来，就因心脏病猝发，走完了他86年的生命历程。

瑞典文学院院士、诺贝尔文学奖评委马悦然曾为沈从文鸣不平："他的价值是，包括鲁迅在内，没有一个中国作家比得上他。沈从文是20世纪中国最伟大的作家。越是知道他的伟大，我越为他的一生的寂寞伤心。"

临终前，家人问他还有什么要说，他回答："我对这个世界没有什么好说的了。"此时的沈从文，已经不再像年轻时在斗室里那样，一边擦着鼻血，一边不分昼夜地奋力书写着对这个世界无尽的喜爱与忧伤。

1992年，沈从文的骨灰在家人的护送下魂归故里凤凰。沈从文先生的墓碑，采天然五彩石，状如云菇。碑石正面，集先生手迹，其文曰："照我思索，能理解我；照我思索，可认识人。"背面，为先生姨妹张充和撰联并书，联曰："不折不从，星斗其文；亦慈亦让，赤子其人。"

大师巨匠
西南联大 1937—1946

穆旦
一颗星亮在天边

穆旦／1918—1977／原名查良铮，曾用笔名梁真。"九叶诗派"代表诗人、现代诗歌第一人、翻译家。代表作有《探险者》《穆旦诗集（1939—1945）》《旗》等。

1940年，穆旦毕业于西南联合大学外文系，留校担任助教，负责叙永分校新生的接收及教学工作。

文人典范
是真名士自风流

"欢迎你来,把血肉脱尽"

1942年5月,缅甸境内的胡康河谷、野人山,茫茫如海的热带雨林弥漫着恐怖的死亡气息,24岁的青年中校翻译官穆旦跟随中国远征军第五军,冲进了这片神秘、凶险、前途莫测的原始森林。此时,日军像发疯的野兽一样追击着他们,穆旦的战马被炮火轰倒,传令官中弹身亡,他又迷了路,和部队失去了联系。令人发疯的饥饿如影随行,他已经断粮长达八天,沿途亲眼看到一位军人的尸体只剩下一堆白骨,但是脚上仍穿着一双完整的军靴……

就在三个月前,这位年轻的诗人胸怀"国家兴亡,匹夫有责"之志,响应国民政府"青年知识分子入伍"的号召,以西南联大助教的身份报名参加了名噪一时的中国远征军,跟随副总司令杜聿明兼任军长的第五军司令部,进入缅甸抗日战场与日军作战。在取得仁安羌大捷等胜利后,盟军内部出现矛盾,战区总指挥官美国的史迪威将军与英军一道撤往印度,杜聿明则在蒋介石的指示下带领部队向日军未设防的胡康河谷、野人山一带撤退。

这是一场自杀式的殿后作战。在遮天蔽日的热带雨林,蚊蚁成群,蚂蟥吸血,巨蟒横行,毒蛇出没,再加上整天倾盆大雨,沿途官兵相继死亡,尸骨暴野。杜聿明本人也感染重病,几乎丧命。堪称国民党军精英的这支远征军出征时的兵力约42000人,战斗死亡人数为7300人,而撤退死亡人数竟达14700人。野人山也因此有了"十万军魂"的传说,其悲惨之状令人目不忍睹。

迷路的穆旦腿肿了,更可怕的是,他还患上了疟疾。他全身疲惫,"放逐在时间——几乎还在空间——之外",随时都有可能倒下。但求生的意志告诉他,只要倒下,他立马就会成为森林中野兽和蚁虫的食物。好在他手中有杜聿明在撤退前给他的两颗药片,瘦弱的穆旦凭着强大的意志,慢慢地逼退了死神的阴影。在经历了"五个月的失踪"后,他居然从"地狱中生还",终于走到了队伍的集结地印度。

踏着堆堆白骨逃出野人山和胡康河谷、由印度转入昆明的青年诗人穆旦,不忍追忆这段酷烈的经历,从此就像换了一个人,变得沉默寡言,昔日开朗的笑容在他脸上消失了。他日夜感受着死去的战友直瞪的眼睛追赶着自己的灵魂的那种毛骨悚然的恐怖与痛苦。在极度惊悸与哀伤中,三年后的1945年9月,穆旦写下了惊世之作《森林之魅——祭胡康河上的白骨》。这首"直面战争与死亡,歌颂生命与永恒的代表作",一诞生就是经典。

赤色分子

穆旦,原名查良铮,出身于浙江海宁查氏家族。查氏至明代时已创立显业，为江南名门望族，家道中兴，几百年不衰。清康熙皇帝南巡时，在其宗祠外的门联上御赐"唐宋以来巨族，江南有数人家"，以示褒奖。

穆旦与西南联大教授查良钊、现代武侠小说大家金庸（查良镛）为同族叔伯兄弟。按家族辈分排名，他们皆属"良"字辈，名字都带金字旁。后来，查良铮将"查"姓上下拆分，"木"与"穆"谐音，得"穆旦"（最初写作"慕旦"）之名。

1929年，11岁的穆旦进入南开中学读书，对文学产生浓厚兴趣，并开始尝试写诗。当时日寇侵凌，京津首当其冲，他写下了《哀国难》，"洒着一腔热血"大声疾呼："眼看祖先们的血汗化成了轻烟，铁鸟击碎了故去英雄们的笑脸！眼看四千年的光辉一旦塌沉，铁蹄更翻起了敌人的凶焰！"

穆旦的救亡意识非常强烈。有一次，社会上抵制日货，穆旦就不让母亲买海带、海蜇皮吃，因为当时这类海鲜大多是从日本进口的。要是家人买来，他不仅一口不吃，还会把它们倒掉。因此，连大家庭中的伯父们也议论，穆旦是"赤色分子"，大家要让他三分。

1935年7月，穆旦以优异的成绩同时被三所大学录取。最后，他选择了清华大学地质系，半年后改读外文系。他在这里继续探索和写作现代诗歌，并有《更夫》《玫瑰的故事》《古墙》等陆续发表在《清华周刊》上。据同窗好友王佐良回忆，当时的穆旦"在写诗，雪莱式的浪漫派的诗，有着强烈的抒情气质，但也发泄着对现实的不满"。此时，穆旦在校园和北方诗坛渐渐有了些名气。

大师巨匠
西南联大 1937—1946

当代的敏感

两年后,抗日战争爆发,穆旦随校迁往长沙,在由国立北京大学、国立清华大学、私立南开大学三校联合成立的国立长沙临时大学读书。1938年2月中旬,由于长沙连遭日机轰炸,长沙临时大学师生分三路西迁昆明。穆旦跟随闻一多、曾昭抡等师生组成的"湘黔滇旅行团",开始了"世界教育史上艰辛而具有伟大意义的长征"。在前往昆明的三千多里路途上,风华正茂的穆旦怀揣着一本小型英汉词典,一边行军一边背单词及例句。到晚上,背熟了,他便别出心裁地把背过的一页页地撕去丢掉。据说这是仿照一位外国诗人的样子,从而为行走过的土地留下一份富有诗意的浪漫纪念。当他走到目的地时,那本词典已所剩无几。

艰苦而漫长的旅途中,作为诗人的穆旦没有忘记体察周围的事物与风土人情。祖国土地的辽阔与壮美,人们生活的苦难与不屈,猛烈地撞击着他的心灵,激发着创作的灵性。某些晨曦微露的早上,或者落霞浸染的傍晚,许多优秀诗篇在诗人血脉偾张、激情闪烁的身体中肆意奔走,继而随着笔端倾泻而出。此时,穆旦的诗风发生了转变,诚如王佐良所言,"他的诗里有了一点泥土气,语言也硬朗起来"。

1938年4月,长沙临时大学在昆明更名为国立西南联合大学。在这片被称为"振兴并发展中国新诗的新垦地"上,穆旦得到了朱自清、闻一多、吴宓、叶公超、冯至、卞之琳,特别是英籍的威廉·燕卜荪等一大批著名教授、诗人的指导和影响,成为"最积极、最活跃、最有代表性的"一位青年诗人。他成为创办"南湖诗社"的骨干和诗社主要撰稿人之一,开始大量阅读艾略特、奥登等外国诗人的作品,找到了将"当代的敏感"与眼前的现实相结合的道路。

总要留下足迹

1941年夏秋之交,穆旦自四川叙永分校重返昆明本校途中,目睹了残破的大地山河与人民的生活窘困,深感时代的困难与祖国的不幸。在悲欣交集的心潮涌动中,他以诗人的敏锐视角感悟到人民奋起的精神和抗战胜利的希望,写就了他那首意境深邃、苍茫雄奇的《赞美》诗篇:"走不尽的山峦和起伏,河流和草原,数不尽的密密的村庄,鸡鸣和狗吠……然而一个民族已经起来!"这首从诗人心尖划过、血泪交织的诗作甫一发表,即像一颗耀眼的明星照亮了中国诗坛,从而奠定了穆旦"第一流的诗才,也是第一流的诗人"的光荣地位。

"一个人到世界上来总要留下足迹",这是穆旦经常对人对己说的话。而他最喜欢的名言,便是鲁迅曾讲的"有一分光,发一分热"。他曾对一位同学说:"国难日亟,国亡无日,不抗战无法解决问题,不打日本鬼子无法消除心头之恨。"发表《赞美》诗篇的同一年,穆旦放弃了西南联大的教席,毅然从军,"想作诗人,学校生活太沉寂,不如去军队体验生活"。

1949年8月，穆旦赴美留学，进入芝加哥大学攻读英美文学、俄罗斯文学。1952年年底，毕业后的穆旦怀抱着一以贯之的爱国情操，一厢情愿地偕夫人周与良博士兼程回国，并同时应聘到南开大学任教。

一颗星亮在天边

穆旦是中国新诗坛的翘楚。这样一位意义独特的诗人却由于时势动荡、时人艺术观念偏狭等原因，长时间被批评、被冷落。袁可嘉在《诗的新方向》中认为，穆旦"是这一代的诗人中最有能量的、可能走得最远的人才之一"，"是站在（20世纪）40年代新诗潮的前列，他是名副其实的旗手之一。在抒情方式和语言艺术'现代化'的问题上，他比谁都做得彻底"。王佐良则认为，"无论如何，穆旦是到达中国诗坛的前区了，带着新的诗歌主题和新的诗歌语言，只不过批评家和文学史家迟迟地不来接近他罢了"。

20世纪50年代初以来，穆旦频受政治运动的打击，身心遭到极大的摧残，被迫从诗坛销声匿迹，转而潜心于外国诗歌的翻译。"文革"结束后，1977年春节前后，穆旦将饱含其后半生心血的译作和诗作交给女儿，让她妥善保管。他觉得，他在有生之年看不到自己的作品出版了。春节前，穆旦因腿伤住院。不料，他还没来得及动腿部手术，2月25日下午心脏病突发，次日凌晨病逝，享年59岁。

去世前,穆旦在《冥想》一诗中道出了自己的内心独白:"但如今,突然面对着坟墓,我冷眼向过去稍稍回顾,只见它曲折灌溉的悲喜都消失在一片亘古的荒漠,这才知道我的全部努力不过完成了普通的生活。"此时,早春黎明前的黑暗透着太多的寒意。"人生本来是一个严酷的冬天",诗人穿行在无边的冬季,最终怆然止步在春暖花开的门外。

直到1981年《九叶集》如出土文物一样面世,人们才猛然意识到,在20世纪40年代的一片呐喊与高歌声外,还有这样一种诗,还有这样一位名叫穆旦的诗人。诗歌评论家谢冕撰写《一颗星亮在天边》,感慨道:"作为诗人和翻译家,他(穆旦)都是来不及展示,或者说是不被许可展示的天才。彗星尚且燃烧,而后消失,穆旦不是,他是一颗始终被乌云遮蔽的星辰。我们只是从那浓云缝隙中偶露的光莹,便感受到了他旷远的辉煌。"

诚如汪曾祺读过《穆旦诗集》后所感叹的:"诗人是寂寞的,千古如斯!半生的追求,无尽的苦难,深沉的幻灭,都升华为炉火纯青的对生命的咏叹。"从崛起到沉寂,到被"文学史追认",再到几成研究"显学"的复杂际遇转换,已然走远的诗人,却在世俗世界不断地变换身影,一如当年在热带雨林中亡命天涯般狂奔。

大师巨匠
西南联大 1937—1946

杨振声
启蒙老师

杨振声／1890—1956／字今甫，亦作金甫，笔名希声，山东蓬莱人。现代著名教育家。代表作有《玉君》等，曾主编《大一国文》。
1938年任西南联合大学常务委员会委员兼秘书长、中文系教授，后任西南联大叙永分校主任、中文系教授。

文人典范
是真名士自风流

1930年5月,在蔡元培和胡适的大力推举下,40岁的杨振声出任国立青岛大学校长。他身材高大,学养深厚,性格温和,作风雅正,在教育界久负盛名。走马上任后,杨振声即仿效蔡元培"兼容并包"的办学精神。一时间,青岛大学名流云集,英华蕴聚,学术气氛十分浓厚,教学、科研蒸蒸日上。

当时,每逢星期六,青岛大学都要召开校务会议。会后,学校"照例有宴席一桌"。作为山东人,杨校长喜欢饮酒并擅长划拳,总是招呼大家轮流在一个烟台派的山东馆子顺兴楼和一个河南馆子厚德福两处聚饮。届时,他总要打开一坛30斤的绍兴老酒,与大家开怀畅饮。他们往往从薄暮时分喝起,起初一桌12人左右,喝到8时,三五位不大能喝的就先起身告辞了,而剩下的八九位则是酒兴正酣,开始宽衣攘臂,猜拳行酒,夜深始散。

久而久之,以杨振声为首的"酒中八仙"便名声在外了,其余7人分别是教务长赵太侔、文学院院长闻一多、外文系主任梁实秋、会计主任刘本钊、理学院院长黄际遇、秘书长陈季超和诗人方令孺。"有时结伙远征,近则济南,远则南京、北京,不自谦抑,狂言'酒压胶济一带,拳打南北二京',高自期许,俨然豪气干云的样子。"

梁实秋在晚年曾专门作《酒中八仙》，记述当时喝酒的情形："今甫（即杨振声）身裁修伟，不愧为山东大汉，而言谈举止蕴藉风流，居恒一袭长衫，手携竹杖，意态潇然。鉴赏字画，清谈亹亹。但是一杯在手则意气风发，尤嗜拇战，入席之后往往率先打通关一道，音容并茂，咄咄逼人。"

一天的风云

1919年5月3日晚，北大不眠夜。这天中午，《京报》主笔邵飘萍向大家报告：巴黎和会上山东问题谈判已经失败。一石激起千层浪，这在北大激起强烈反响：下午1时，情绪激动的北大学生即在校园贴出告示，当夜召开北京中等以上学校学生代表会议。当夜7时，13所学校1000多名学生拥入北大法学院大礼堂参加会议，当时就读于北京大学国文系的杨振声便是其中之一。这位身材魁梧的山东大汉，虽已是两个孩子的父亲，但内心燃烧着一团火。

"五月四日是个无风的晴天，却总觉得头上是一天的风云。"这一天，杨振声和《新潮》杂志的同人们一起冲破军警重围，直扑曹汝霖家。在紧闭的赵家楼大门前，杨振声凭身材高大，与另外几个高个子同学，率先攀进曹宅打开大门。随后，大群学生一拥而入，火烧赵家楼。很快，警察总监吴炳湘和步军统领李长泰率大队军警赶到，武力驱散群众，随即以"学生杀人放火"罪名捕人。其时，大批学生已经撤离，杨振声等少数想维持秩序的学生被捕。35年后，他在《回忆五四》中曾说："当时还是无经验，若大家整队而入，整队而出，警察是捕不了人的。"

5月6日，蔡元培亲自到警察厅以身作保，要求释放被捕学生。次日，被捕学生被释放，北大全体学生在红楼北面广场迎接，蔡元培和被捕归来的学生合影。5月22日，杨振声受北京学生联合会委托，与其他三名代表一起，去向京师警察总厅办交涉，要求归还被扣留的《五七》日刊。警察当局拒绝了学生代表的要求，并逮捕了他们。直到一周后，再度被捕的杨振声才被释放出来。

此后，杨振声进入美国哥伦比亚大学攻读心理学、教育学，获博士学位。1923年，他又进入哈佛大学专攻教育心理学，第二年回到祖国，投身教育事业，曾任清华大学教务长、文学院院长兼中文系教授。

名流云集，鼎盛一时

1928年，济南"五三"惨案发生后，省立山东大学停办。南京政府下令将其改建为国立青岛大学，1930年5月，由教育家蔡元培举荐，杨振声出任青岛大学校长。他打破门户之见，广聘专家学者来校任教，许多著名专家学者如闻一多、梁实秋、游国恩、沈从文、傅鹰等均应邀来校任教。另外，他还经常邀请蔡元培、冯友兰、顾颉刚等学者名流来青岛大学讲学，可谓名流云集，鼎盛一时。

杨振声延聘教师十分严格,特别注重学术水平。他曾想聘请历史学家郑天挺担任历史学教授,因为郑已经接受了北大的聘书,未果。当时,大学毕业不久的杨晦想到国立青大教书,曾托周作人给杨振声写信,被杨振声婉拒。

1930年冬,废名曾在青岛住了3个月。他很喜欢青岛这个地方,也想在青岛大学找一点教书的工作,于是写信请周作人帮忙求情。因有前车之鉴,周作人不想再去碰钉子了,于是写信请俞平伯帮忙。俞平伯与杨振声曾是北京大学同窗好友,或许说得上话。1931年1月16日,俞平伯在清华园也收到了废名自青岛的来信,请他托杨振声给予关照。俞平伯深知杨振声的为人,不仅没有写信给杨振声,反而直接回复废名,劝其打消了念头。

国立青大建校之初,经费严重不足,只相当于同时期的中央大学、中山大学和武汉大学的三分之一或四分之一。可以说除了校舍,其余一切几乎均须从头做起。然而,为表示对所聘专家学者的重视,杨振声坚持支付给他们非常高的薪水。

学生在好而不在多

杨振声认为:"学生在好而不在多。"在他离开北平赴任青岛大学校长时,傅斯年曾经对他说:"只要你能领导两三个学生走上学问的正路,也便不虚一行了。"他对此言深有同感,为了促使学生勤奋学习，保证质量，实现他造就优秀人才的愿望，他主张实行淘汰制。为此，青大"学则"明确规定："学生全年学程有三种不及格或必修学程两种不及格者令其退学。"这一规定比当时国内许多有名的大学都更为严格，因而形成极高的淘汰率。

　　杨振声识才，爱才，热心帮助年轻人，奖掖、提携后学不遗余力。当时，经常有学生到杨振声的住处去拜访他，谈创作求学问。他总是热情接待，不是端出咖啡，就是沏上清茶，亲切交谈，娓娓不倦，使人如沐春风。

　　由于他亲自授课，平时经常与学生们在一起，对学生们十分熟悉，他便能够在他们中发现有培养前途的学生。在给学生们批改作文时，他一旦发现才华横溢的佳作，便特别珍爱，如获至宝，亲自向一些文学刊物推荐发表。他还经常介绍这些学生与颇有名气的作家认识，使他们博采众家，更快地提高文学创作水平。

言谈举止蕴藉风流

　　杨振声早年留学美国，风流倜傥，作风民主，爱好广泛，有绅士派头。据梅贻琦先生1946年1月9日日记记载："午饭在文衡家，看杨家老幼'划拳'，颇有趣味。"寥寥数字，可以想见当时杨振声与儿子杨文衡在酒桌挥拳行酒的情形。

　　他时或穿西装，或着大褂，手中经常拿着一个大烟斗，长方形的脸上经常挂着和蔼可亲的笑容，潇洒大方而又平易近人，很有教育家和学者的风度。梁实秋称他"言谈举止蕴藉风流",胡适则感慨与杨振声在一起,有"自惭鄙吝,若鸦凤之相比"的感觉。司徒良裔在1947年发表于《大公报》的《杨振声小记》中,称"杨真今世风流人物也"。

当时,学校布告多是固定格式和死板套语,杨振声独出心裁,曾展纸挥毫,把布告填成诗词发布出来,吸引了许多人围观。据臧克家回忆:"在布告里,时常看到他(杨振声)用俊秀的草书亲笔写的布告。用的是四六句,很有风趣,至今还记得他幽默地批评男同学'破坏风纪,月旦女生'。"

他任校长两年,做了大量工作,为学校日后的发展打下了坚实的基础。1931年"九一八"事变后,山东省政府主席韩复榘、山东省教育厅长何思源想控制青岛大学,而杨振声不肯妥协,继而辞职,回北平编中小学教科书去了。紧接着,黄际遇、闻一多和梁实秋也不愿在青岛看韩复榘脸色过日子,先后递上辞呈,分别去了中山大学、清华、北大任教,"酒中八仙"自然也就解散了。

启蒙老师

杨振声在"京派"文人中是老大哥式的人物,正直、朴实、热心,提携了一大批青年作家。萧乾称他为"启蒙老师"。沈从文蜚声文坛,也和杨振声的提携有很大关系。孙昌熙曾在《把中国新文学抬上大学讲坛的人——追忆在抗日战争期间接受恩师杨振声教授教诲的日子》中,满怀激情地写道:"先生在西南联大为中国文学披荆斩棘开辟道路,或者说'打天下',是胜利的。那标志,就是新作家群的不断涌现。"

早在1924年,他便凭借新文学史上的第一部中篇小说《玉君》扬名文坛。他的作品充分体现了"五四"新文学运动反帝、反封建的战斗传统,表达了强烈的爱国主义思想。鲁迅称他是一位"极要描写民间疾苦的作家",陈源则将其作品列入"新文学运动以来的十部著作"(实际开列了11部)当中,且在评论中指出:"要是没有杨振声先生的《玉君》,我们简直可以说没有长(中)篇小说。"

1949年后,留在大陆的杨振声曾迫于形势写过批判胡适的文章。远在美国的胡适唯独对杨振声没有做出批驳的点评。1952年,中国院系大调整,杨振声被调任长春东北人民大学。1956年,他由于过于劳累病逝于北京,享年66岁。临终前,他唯一的遗嘱是将其2379册藏书全部捐给东北人民大学图书馆。

大师巨匠
西南联大 1937—1946

钱锺书
人中之龙

钱锺书／1910—1998／原名仰先，字哲良，后改名锺书，字默存，号槐聚，曾用笔名中书君，江苏无锡人。现代著名作家、文学研究家，在文学、比较文学、文化批评等领域造诣颇深，推崇者甚至冠以"钱学"。代表作有《围城》《谈艺录》《宋诗选注》和《管锥编》等。
曾任西南联合大学外文系教授。

文人典范
是真名士自风流

1932年春,杨绛考入清华大学研究院不久,就知道已是三年级本科生的钱锺书的赫赫大名了。那时,钱锺书名气真大,新生一入校便都会知道他。但他的架子太大,一般低年级的学生根本不敢冒昧去拜访他,所以许多新生都觉得他很神秘,更想一睹他的风采。

不久,在一个风光旖旎的日子,在清华大学古月堂前,杨绛结识了这位大名鼎鼎的同乡才子。杨绛初见钱锺书时,他穿着一件青布大褂、一双毛布底儿鞋,戴一副老式大眼镜。钱锺书的个头儿不高,面容清癯,虽然不算风度翩翩,目光却炯炯有神,闪烁着机智和自负的神气。而站在钱锺书面前的杨绛,虽然已是研究生,却显得娇小玲珑,温婉聪慧而又活泼可爱。钱锺书侃侃而谈的口才、旁征博引的记忆力、诙谐幽默的谈吐,给杨绛留下了深刻的印象。两人一见如故,谈起家乡,谈起文学,兴致大增,这一切使他们一见钟情。

交谈起来才发觉,两个人还挺有缘分的。钱锺书的父亲钱基博与杨绛的父亲杨荫杭都是无锡本地的名士,都被前辈大教育家张謇誉为"江南才子",两家都是无锡有名的书香世家。真所谓"门当户对,珠联璧合"。1919年,8岁的杨绛曾随父母到钱锺书

大师巨匠
西南联大1937—1946

家去过,虽然没有见到钱锺书。

默而成知

1910年10月,钱锺书出生在江苏无锡的一个教育世家。父亲钱基博是著名的古文学家和教育家,以集部之学见称于世,有"集部之学,海内罕对"的美誉。由于伯父钱基成没有儿子,按照惯例,钱锺书一生下来就被过继给了伯父。他刚满周岁时"抓周",抓到一本书,因而取名为锺书。4岁时,伯父开始教他认字。后来进私塾,伯父嫌不方便,干脆自己教他。每天下午授课,上午伯父则出去喝茶,给一铜板让他去买酥饼吃,给两铜板让他去看小人书。钱锺书玩得非常开心,逐渐染上了晚起晚睡、贪吃贪玩的坏习惯。

钱基博想惩戒儿子,又担心兄长不满,遂提出让其进入新式小学读书。11岁时,钱锺书考取东林小学,而伯父不久后就去世了。他才思敏捷,只要静下心来读书,几乎是过目成诵,而一旦与伙伴们玩耍,就信口开河,臧否古今。父亲因此为他改字"默存",取意于《易经·系辞》的"默而成知,不言而信,存乎德行",告诫他少说多做,以防口生祸端。

1926年秋,钱基博应清华之聘北上任教,寒假没回无锡。正读中学的钱锺书少了拘管,狂读小说,直到假期结束,才记起连课本都没翻过。来年暑假,父亲回来考问功课,他自然不能过关,被痛打一顿。这激起了他发愤读书的志气，遂广泛涉猎《古文辞类纂》《骈体文钞》《十八家诗钞》等，打下了坚实的古诗文基础。钱锺书后来写客套信从不起草，提起笔一挥而就。如果是八行笺，几次抬头，写来恰好八行，一行不多，一行不少。这般功夫恰是他父亲训练出来的。

1929年，19岁的钱锺书考入清华大学外文系。入校之时便名震校园，不仅因为他数学只考了15分，更主要的是他的国文、英文水平高到让同学拜服的地步，其中英文更是获得满分。进入清华，他立下志愿，要"横扫清华图书馆"。他的中文造诣很深，又精于哲学及心理学，终日博览中西新旧书籍。最怪的是，他上课从不记笔记，总是边听课边看闲书，或作图画，或练书法，但每次考试都是第一名，甚至在某个学年还得到清华"超等"的破纪录成绩。

汪洋恣肆，酷似庄生

司马长风曾在《中国新文学史》下卷中说："现代作家中有两个狂人，一是无名氏，另一个就是钱锺书。无名氏狂在志趣，野心太大了，狂得严肃认真；钱锺书狂在才气，汪洋恣肆，酷似庄生。"他架子相当大，不愿拜访别人，更不拜访名人，还曾引杜于皇的话，"即使司马迁、韩愈住隔壁，也恕不奉访！"。上大学时，他就敢挑剔父亲的学问，断定父亲的学问"还不完备"。

大师巨匠
西南联大1937—1946

1933年，钱锺书从清华外文系毕业，校长亲自告诉他要破格录取其留校。陈福田、吴宓等教授都去做他的工作，想挽留他，希望其进研究院继续研究英国文学，为新成立的西洋文学研究所增加光彩。可他一口拒绝道："整个清华没有一个教授，有资格充当钱某人的导师！"其率真狂傲，可见一斑。

1935年，钱锺书以第一名的成绩考取英国庚子赔款公费留学生，赴英国牛津大学埃克塞特学院英文系留学，与杨绛同船赴英。初到牛津，他就摔了一跤，吻了牛津的地，磕掉大半个门牙。钱锺书摔了跤，自己又走回来，用大手绢捂着嘴。到了寓所，手绢上全是鲜血，抖开手绢，落下半颗断牙，钱锺书满口鲜血。杨绛急得不知所措，幸好同寓者都是医生。他们让杨绛陪锺书赶快找牙医，拔去断牙，然后再镶假牙。

钱锺书留学英、法，谙熟西方文化，但并不以此为傲。一位友人在一篇文章中记述其"为人崖岸有骨气，虽曾负笈西方，身上却不曾沾染半点洋进士的臭味，洋文读得滚瓜烂熟，血管里流的则全是中国学者的血液"。1938年，祖国正处于日寇侵略的水深火热之中，钱锺书怀着"相传复楚能三户[1]，倘及平吴不廿年"的赤诚之心，毅然回到了"忧天将压，避地无之""国破堪依，家亡靡托"的故国。

人中之龙

钱锺书的涉猎广泛与博闻强识是出了名的,有大量的报道说他过目不忘,同学乔冠华称他具备了"照相机式的记忆"功能。他本人却并不以为自己有那么"神",只是好读书,肯下功夫。他在牛津大学图书馆读书时养成了做笔记的习惯,他每每读书要读至三遍、四遍,笔记也不断地增补。

当年,吴宓教授和几位青年学生在清华园的藤影荷声之馆里促膝谈心,兴趣正浓,突发感慨道:"自古人才难得,出类拔萃、卓尔不群的人才尤其不易得。当今文史方面的杰出人才,在老一辈中要推陈寅恪先生,在年轻一辈中要推钱锺书,他们都是人中之龙,其余如你我,不过尔尔!"

钱锺书的笔记体巨著《管锥编》,堪称"国学大典"和"文化昆仑"。《管锥编》全书引用古今中外近4000名作家的上万本著作,以130万字通盘考论《周易》《诗经》《左传》《史记》等10部中国古籍的辞章及义理,打通时空、语言、文化和学科的壁垒。柯灵曾赞叹道:"这是一棵人生道旁历尽春秋、枝繁叶茂的智慧树,钟灵毓秀,满树的玄想之花、心灵之果,任人随喜观赏,止息乘荫。"

大师巨匠
西南联大1937—1946

一个时代结束了

　　钱锺书是个幽默大师,健谈雄辩,大有孟子、韩愈遗风。他口若悬河,舌灿莲花,隽思妙语,常常令人捧腹。曾有位英国女士打来电话,说非常喜欢他写的文章,想到家中拜见。他以特有的幽默回复说:"假如你吃了一个鸡蛋觉得不错,又何必要认识那只下蛋的母鸡呢?"

　　1966年,杨绛和钱锺书先后被打成"牛鬼蛇神",双双接受"改造"。就是在那些苦难的日子里,钱锺书也保持着一份少有的幽默。比如被迫剃了"阴阳头",别人会觉得受了莫大的侮辱,而他却说:"小时候老羡慕弟弟剃光头……果不其然,羡慕的事早晚会实现。"

　　1991年,18家省级电视台联合拍摄《中国当代文化名人录》,要拍钱锺书,被他婉拒。别人告诉他会有很多的酬金以及曝光率,他淡淡一笑:"我都姓了一辈子'钱'了,还会迷信这东西吗?"

　　1998年12月19日,钱锺书因病去世,享年88岁。就在一年前,1997年3月4日,他与杨绛的女儿钱瑗已因患脊椎癌去世。"世间好物不坚牢,彩云易散琉璃脆",只剩下杨绛一人,撰写《我们仨》孤单怀念。

　　悄然西行的钱锺书,惊动了世界。时任法国总统的希拉克专门发来唁电。资深文论家王元化指出:"钱锺书去世,意味着本世纪初涌现出来的那一代学人的终结。"嘉思伯·贝克尔(JasperBecker)也有类似论调,认为钱锺书之死"标志着五四运动所孕育的一代人的故事的结束"。

随着这位"学贯中西,融汇古今"的"人中之龙"的离去,他身上所特有的狷介、犀利、辛辣和睿智,一去不复返地湮灭在历史长河中。一个时代结束了。

大师巨匠
西南联大 1937—1946

闻一多
最后一次演讲

闻一多／1899—1946／字友三、友山，原名闻家骅，又名多、亦多、一多。伟大的爱国主义者，民主战士，中国民主同盟早期领导人，新月派代表诗人。代表作有《红烛》《死水》等，作品主要收录在《闻一多全集》中。
1940年，任西南联合大学中文系教授。

文人典范
是真名士自风流

1946年7月15日,昆明街头,乌云压城,政治空气格外紧张。此时,反内战的声浪已经席卷全国,而4天前李公朴被暗杀,更是引来全国抗议的滔天巨浪。这天上午,闻一多不顾亲友的劝阻,毅然参加昆明学联在云大致公堂举行的李公朴追悼会。

同为中国民主同盟中央执行委员会委员、昆明民主运动的重要领导人,在李公朴被杀后,闻一多已经知道自己上了国民党特务的黑名单,曾接到善意的"少出门"的提醒。甚至有国民党特务在其家门口赤裸裸地恐吓:"闻一多,你的多字是两个夕字,你命在旦夕了!"闻一多没有退缩,而是以"我不入地狱,谁入地狱"的大无畏勇气,拍案而起。

追悼会现场气氛压抑而紧张,安全起见,这次会上只安排李公朴的夫人张曼筠讲话。待李夫人的话刚一讲完,闻一多一步跃上讲台,忍受着连日饥饿带来的折磨,做了题为"最后一次演讲"的报告。他厉声质问:"今天,这里有没有特务?你站出来!是好汉的站出来!你出来讲!凭什么要杀死李先生?杀死了人,又不敢承认,还要污蔑人,说什么'桃色案件',说什么'共产党杀共产党',无耻啊!无耻啊!这是当局的无耻,恰是李先生的光荣!"洪亮的声音、激昂的神情,闻一多像一头愤怒的狮子,一如他留给人们的印象,"飘拂的长髯,炯炯的眸子,破烂的长袍,带着一根白藤手杖,出现在每一个集会中、每一次游行中"。

闻一多的演讲,点燃了民众的万丈怒火。此时台下的群众振臂高呼,口号震天动地:"严惩凶手,还我公朴,争取民主自由,反动独裁,狗特务快滚出来!"接下来,闻一多又大声说道:"我们不怕死,我们有牺牲的精神!我们随时像李先生一样,前脚跨出大门,后脚就不准备再跨进大门!"精彩的演讲被一次又一次雷鸣般的掌声打断,同时,大家开始为他的生命安全担忧。

此时,死神的脚步已然渐渐走近……

莫等闲,白了少年头

闻一多自幼聪明伶俐,5岁的时候开始念书。父母对其寄托了光宗耀祖的厚望,所以送其入学时径直用了"闻多"两字。由于好学,闻一多并不像一般孩子那样好热闹。门外有人玩龙灯,或有结婚的花轿经过,闻一多就像没听见一样,照样专心读书。家人有时管他叫"书呆子",大家常说:"这个家骅呀,简直给书着迷了呵!"

1912年,闻一多考入清华留美预备学校。入校时,这位身着新棉袄,外罩黑色长袍,又套件皮背心的少年格外引人注目。虽然是土里土气的乡下孩子,但闻一多入学考试和新生分级考试成绩显著,令师生不得不刮目相看。同学们用谐音的英文词Widow

（寡妇）给他起了绰号，后来潘光旦建议他改名为一多，符合闻一多取消姓氏的主张，他立刻笑领了。

1916年，闻一多便开始在《清华周刊》上发表系列读书笔记，总称《二月庐漫记》。1919年五四运动时，异常振奋的闻一多，连夜用大红纸抄录岳飞的《满江红》，贴到饭厅前的布告栏里，鼓舞大家"莫等闲，白了少年头"，热血青年应该马上奋起。他被选进了清华学校学生代表团，并代表学校出席了全国学联会议。

1922年7月16日，闻一多乘坐海轮离开上海，缓缓驶向太平洋，开始了他的留学生活。在美国，闻一多爱上了绘画和诗歌，他开始与著名的画家和诗人交往，逐步步入艺术的殿堂。爱国思乡，激情难抑，闻一多的诗情犹如火山喷发一样迸发出来。到了第二年9月，他便出版了第一本个人诗集《红烛》，初步奠定了他在中国新诗发展史上的地位。

闻一多的诗，是他的艺术主张的实践，开创了格律体的新诗流派。他的大多数诗作，犹如一张张重彩的油画，他不仅喜用浓重的笔触描绘形象、渲染气氛，尤擅于在大胆的想象、新奇的比喻中变换种种不同的情调色彩，再配上和谐的音节、整饬的诗句这些优美的艺术形式的框架，使他的诗成为一件完整的艺术品。

中国！中国！你难道亡国了吗？

1930年秋，闻一多受聘于国立青岛大学，任文学院院长兼国文系主任。当时的青岛是一个受殖民影响相当严重的海滨名城，日本人在此气焰嚣张，为非作歹。曾有青岛大学学生在海滩上无端被日本浪人打得遍体鳞伤，日本浪人反把学生送到警察局扣押。警察一面向日本人谄笑，一面打电话指责校方放纵学生。闻一多闻而大怒，一面大声疾呼"中国！中国！你难道亡国了吗？"，一面找校长评理。在闻一多和学生们的强烈抗议下，警方不得不释放学生。

1932年，南京国民党政府和山东地方势力的争权夺利斗争延伸到青岛大学内部，派系纷争，风潮迭起，闻一多受到不少攻击与诽谤，被迫辞职。他离开青岛，回到母校清华大学任中文系教授。当时的中文系主任为朱自清，两位诗人兼学者开始论学共事，并且成为挚友。

1937年7月7日，抗日战争爆发后，闻一多开始了南迁的漂泊生活。在长沙短暂停留后，闻一多随长沙临时大学湘黔滇旅行团南行，开始了长达3300余里的伟大迁徙。他戴着一顶普通的礼帽，穿着夹大衣，和学生们走在一起，一路上唱着《松花江上》等抗日歌曲，情绪慷慨激昂，历时68天，最终来到昆明。

老朋友杨振声曾半开玩笑地说："一多加入旅行团，应该带一具棺材走！"到达昆明后，闻一多骄傲地对杨振声说："假使这次我真带了棺材，现在就可以送给你了。"然而，他没有料到，这座四季如春的城市会是他生命的终点。

当尾巴有什么不好？

1943年3月，蒋介石的《中国之命运》一书出版，此书的发表，是失去精英知识分子的一个前奏。在这本书中，蒋介石公开宣称一个党、一个主义、一个领袖的专制主义。他不仅反对共产主义，连自由主义也不能容忍。闻一多看完了以后说："《中国之命运》一书的出版，在我一个人是一个很重要的关键，我简直被那里面的义和团精神吓一跳，我们的英明领袖原来是这样想法的吗？'五四'给我的影响太深，《中国之命运》公开地向'五四'宣战，我是无论如何受不了的。"

第二年秋天，在罗隆基和潘大逵（一说吴晗）的介绍下，闻一多加入中国民主同盟，从此以民主教授和民盟云南省支部领导人的身份，积极参与社会政治活动。据学生尚土的回忆，闻一多加入民盟之后，便立马找到在西南联大负责国民党党团的姚从吾，劈头便说："从吾，我已加入民盟，我们谈谈。"姚从吾问民盟的经费是不是延安那边提供的，于是二人激辩3小时，弄得不欢而散。

闻一多的思想开始左倾，言辞激烈，不仅反对政府，连自己接受教育的清华也反对，"憎恨母校"，这引起西南联大常委梅贻琦的不安和震怒。1946年4月，清华研究生进行考试，冯友兰遇到闻一多，针对报纸上风传的闻一多是共产党的尾巴，冯友兰问闻一多："有人说，你们民主同盟是共产党的尾巴，为什么要当尾巴？"闻一多从容而干脆地答道："我们就是共产党的尾巴，共产党做得对。有头就有尾，当尾巴有什么不好？"

最后一次演讲

在悼念李公朴的大会上发表完著名的《最后一次演讲》后，闻一多下午又去参加了府甬道14号《民主周刊》的记者招待会。此时，他的行踪早被特务盯上了。下午6时左右，儿子闻立鹤接父亲回西仓坡宿舍。当两人行至半途，周围死一般寂静。距离家只有十多步时，忽然枪声大作，跟踪他们的数名特务手持美国进口的无声手枪，从不同方向和不同角度，朝闻一多和闻立鹤开枪。

闻一多应声倒下，闻立鹤下意识地急忙扑上去，伏在爸爸身上，想用自己的身体遮住爸爸，可是枪弹连珠似的飞来。闻立鹤大喊："凶手杀人了，救命！"然而周围没有人敢出来救他们，只有几个彪形大汉排成一排地站在二三十尺远的地方，正在继续向他们射击。两分钟后，他们扬长而去。

闻立鹤挣扎着坐起来，胸口上3个枪眼涌出大股的血水，右腿被打断，左腿也中了一弹，血水湿透了衣服。再看爸爸，闻一多"正愤怒地倒在血泊里"，浑身"统是枪眼"，血像泉水一样喷出来，面色已经变黑了，手杖、鞋子和眼镜散落一地。自始至终，闻一多"哼都不哼一声"。

闻一多被暗杀后，举世震惊。吴晗在上海被这当头一棒的消息击蒙了，"昏沉了大半天，才哭出声来"。周炳琳在重庆获悉闻一多被暗杀之噩耗,极为愤怒。他当即致函梅贻琦校长,要求追查此事,同时连同冯友兰等33名西南联大教授,联名致电教育部部长朱家骅,要求政府从速惩凶。

7月21日,西南联大校友会召开闻一多先生追悼会,朱自清不顾危险执意出席,一开头便激动地说:"闻一多先生表现了我们民族的英雄气概,激起全国人民的同情。这是民主主义运动的大损失,又是中国学术的大损失。"他称闻一多是中国抗战前"唯一的爱国新诗人"。

一年以后,吴晗写道:"现在,你的声音,你的文字,是我们的鼓手,是我们的旗帜了。……电光在闪耀,雷声在轰隆,新历史的一页在用血书写了。"如今,这段血染的历史随风消逝,李、闻惨案也已经成为历史深处的旧闻了。只是那场拍案而起的演讲,连同着刺耳不绝的枪声,不时从历史幽暗处传来,穿破时空,响在今人的耳畔。

百年大师

只留清气满乾坤

大师巨匠
西南联大 1937—1946

陈寅恪
三百年来一人

陈寅恪 / 1890—1969 / 生于湖南长沙，江西义宁（今修水县）人，中国现代最负盛名的历史学家、古典文学研究家、语言学家、诗人。代表作有《论再生缘》《柳如是别传》《陈寅恪集》等。
1938年，陈寅恪到西南联合大学历史系任教。

百年大师
只留清气满乾坤

1943年12月,颠沛流离的陈寅恪一家回到北京,住在清华园。季羡林听说老师回来后,立即去拜见。从北平城内到清华园,宛如一次短途旅行,颇费一番周折。沿途几十里全是一片接一片的农田,秋天青纱帐起,尚有绿林人士拦路抢劫,甚至不惜铤而走险,杀人越货。

这些困难,并不能阻挡季羡林急切的脚步。他知道陈寅恪最喜欢当年住北京的天主教外国神父亲手酿造的栅栏红葡萄酒,就到现在的市委党校所在地、当年神父们的静修院的地下室中买来,长途跋涉送到清华园,心想着快送到陈先生手中,方觉得安慰。

在校内林荫道上,季羡林在熙来攘往的学生人流中,终于见到了正去上课的陈寅恪。只见他里面穿着皮袄,外面套以蓝布大褂、青布马褂,头上戴着一顶两旁有遮耳的皮帽,腿上着棉裤,裤脚扎一根布带,足下蹬着棉鞋,右手抱着一个蓝布大包袱,走路一高一下,相貌稀奇古怪,纯粹国货式的老头儿。

有人说,陈寅恪先生颇具甘地型的风格,身材瘦削,也不高大,但他有充满神采的双目与高耸的鼻子,自成一格。不认识他的人,恐怕大都把他当成琉璃厂某一书店的到清华来送书的老板。于季羡林而言,能坐下来听陈寅恪讲一堂课,就如同听到天幕传来的梵音绝唱,所有的辛苦都不值得一提了。

教授的教授

陈寅恪的父亲陈三立是"清末四公子"之一、著名诗人,祖父陈宝箴(支持变法的开明督抚)曾任湖南巡抚。他是清华百年历史上的四大哲人之一,另外三位是叶企孙、潘光旦、梅贻琦。因其身出名门,又学识过人,在清华任教时被称作"公子的公子,教授之教授"。

在西南联大时,一向自视甚高的刘文典教授,对陈寅恪的学问"十二万分的敬佩"。他认为西南联大文学院真正的教授只有"两个半",陈寅恪便是其中一个,他自己只能算半个。他甚至公开说:"陈寅恪才是真正的教授,他该拿400块钱,我该拿40块钱……"

1925年,清华学校改制为大学,设立研究院国学门,由胡适建议采用导师制,其"基本观念,是想用现代的科学方法整理国故"。当时的研究院主任吴宓很器重他,认为陈寅恪"最为学博识精"。梁启超也向校长曹云祥力荐他为导师,甚至发生过舌战。曹云祥认为:陈寅恪既无大部头著作又无博士学位,怎么有资格做导师?梁启超说:"我虽有著作,但加在一起也不及陈先生300字的价值。"

1926年6月,只有36岁的陈寅恪,就与梁启超、王国维一同应聘为研究院的导师,并称"清华三巨头"。当时的历史系教授姚从吾说:"陈寅恪先生为教授,则我们只能当一名小助教而已。"

陈寅恪一上课,即提出所讲之专题,然后逐层展开,每至入神之处,便闭目而谈,滔滔不绝。有时下课铃响起,依然沉浸在学海之中尽情地讲解。他上课的教室里总是坐得满满的,一半是学生,一半是慕名而来的老师,甚至有许多名教授,如朱自清、冯友兰、吴宓、北大的德国汉学家钢和泰等。

有时大家会看到,冯友兰恭敬地跟着陈寅恪从教员休息室里走出来,一边走一边听陈寅恪讲话,直至教室门口,才打个大恭,然后分开。

三百年来一人

傅斯年曾经对陈哲三说:"陈先生的学问近300年来一人而已。"胡适在1937年2月22日的日记中称:"寅恪治史学,当然是今日最渊博、最有识见、最能用材料的人。"

侄子陈封雄曾好奇地问过陈寅恪:"您在国外留学十几年,为什么没有得个博士学位?"他答:"考博士并不难,但两三年内被一专题束缚住,就没有时间学其他知识了。只要能学到知识,有无学位并不重要。"后来,陈封雄半信半疑地向自己的姑夫俞大维提起此事,俞说:"他(寅恪)的想法是对的,所以是大学问家。我在哈佛得了博士学位,但我的学问不如他。"

吴宓于1919年在美国哈佛大学得识陈寅恪，当时即惊其博学，服其卓识，驰书国内诸友谓："合中西新旧各种学问而统论之，吾必以寅恪为全中国最博学之人。"又在《吴宓文集》中写道："今时阅十五六载，行历三洲，广交当世之士，吾仍坚持此言，且喜众之同于吾言。寅恪虽系吾友而实吾师。"

苏联学者在蒙古发掘了3件突厥碑文，但都看不懂，更不能理解。后来，陈寅恪以突厥文对译解释，各国学者都毫无异议，同声叹服。陈寅恪从事敦煌文献研究并把它纳入世界学术领域，得到各国学术界的认可。

金岳霖回忆，有一天他去陈寅恪那里，有一个学生前来询问一个材料。陈寅恪告诉来者，可去图书馆借某一本书，翻到某一页，那一页的页底有一个注，注里把所有需要的材料都列举出来了。陈寅恪的记忆力之强，由此可见一斑。

1939年春，英国牛津大学聘请陈寅恪为汉学教授，并授予其英国皇家学会研究员职称。他是该校第一位获得此职称的中国教授，这在当时是一种很高的荣誉。

四不讲

陈寅恪先后留学于日本、德国、瑞士、法国、美国等，通晓梵文、突厥文、满文等多种东西方语言文字，归国后先后任教于清华国学研究院、岭南大学等数所大学。陈寅恪治学面广，在宗教、历史、语言、人类学、校勘学等领域均有独到的研究和著述。

他学贯中西,却从不拾人牙慧,曾言自己有"四不讲":"前人讲过的,我不讲;近人讲过的,我不讲;外国人讲过的,我不讲;我自己过去讲过的,也不讲。现在只讲未曾有人讲过的。"

此外,陈寅恪讲学还注意自然启发,着重新的发现。对学生只指导研究,从不点名,从无小考;就是大考,也只是依照学校的规章举行,没有不及格的。他常说,问答式的笔试,不是观察学生学问的最好办法。因此,每次他都要求学生写短篇论文代替大考。但陈寅恪又强调,作论文要有新的资料或者新的见解,如果资料和见解都没有什么可取,则作论文也没有什么益处。

他当时在国学院指导研究生,并在北京大学兼课,同时对佛教典籍和边疆史进行研究、著述。他讲课时,或引用多种语言,佐证历史;或引诗举史,从《连昌宫词》到《琵琶行》《长恨歌》,皆信口道出,而文字出处,又无不准确,伴随而来的阐发更是精当,令人叹服!盛名之下,他朴素厚道,谦和而有自信,真诚而不伪饰,人称学者本色。

聊作无益之事

由于长期用高度近视的左眼工作,他的视力急剧下降。1944年12月12日,就在他完成"唐代三稿"中的最后一稿时,左眼也失明了。当时,清华校长梅贻琦曾劝他调养一段时间,他说:"我是教书匠，不教书怎么叫作教书匠呢？"

一个盲人被聘为教授，这在当时是绝无仅有的。清华大学聘了3个助教来协助他的教学与研究。他以前常闭着眼睛上课，眼睛失明了，他却睁大了眼睛，似乎在寻找光明。

失明、膑足之际，陈寅恪仍锲而不舍，坚苦卓绝，穷十年岁月，写出《论再生缘》《柳如是别传》如此巨著。其毅力与精神，极富传奇色彩。助手黄萱曾感慨："寅师坚毅之精神，真有惊天地泣鬼神的气概。"

而《柳如是别传》的写作，起因于抗战时他在昆明得常熟白茆钱宅红豆一粒，晚年重萌相思，既"珍重君家兰桂室""裁红晕碧泪漫漫"（柳如是诗句），且讳深心苦，诚韩退之所谓"刳肝以为纸，沥血以书词"者也。陈寅恪自嘲道："聊作无益之事，以遣有涯之生。"

既不跨海入台，亦不过岭南一步

1942年春，有人奉日方之命，专程请陈寅恪到已被日军侵占的上海授课。他坚辞不去，随即出走香港，取道广州湾至桂林，先后任广西大学、中山大学教授，不久移居燕京大学任教。当时桂林某些御用文人，发起向蒋介石献九鼎的无聊活动，劝他参加，他作《癸未春日感赋》："九鼎铭辞争讼德，百年粗粝总伤贫。"

"党家专政二十年，大厦一旦梁栋摧。乱源早多主因一，民怨所致非兵灾",陈寅恪对蒋家王朝已经完全失望。1949年10月前夕,他到广州,拒绝了国民党"中央研究院"历史语言研究所所长傅斯年要他去台湾、香港的邀聘,任教于广州岭南大学。后因院系调整,岭南大学并入中山大学,遂移教于中山大学。

十年动乱期间,陈寅恪遭到残酷折磨。使他最伤心的是,他珍藏多年的大量书籍、诗文稿,多被洗劫。1969年10月7日,陈寅恪在广州离开人世,留下"我现在譬如在死囚牢中"之语。泰山其颓,梁木其坏,哲人其萎,三百年乃得一见的大师就此远去。

因"文革"问题一直未能真正平反,几经周折,直到2003年,陈寅恪才与夫人唐筼合葬于江西庐山植物园。从此,一代国学大师在去世34年后,终于入土为安。如今,墓碑旁一大石上,镌刻着画家黄永玉题写的"独立之精神,自由之思想"10个大字,而这正是陈寅恪当年为悼念自沉昆明湖的王国维所撰写的,也是他一生恪守的学术精神与生命信仰。

大师巨匠
西南联大1937—1946

冯友兰
阐旧邦以辅新命

冯友兰／1895—1990／字芝生，河南唐河县祁仪镇人，著名哲学家、教育家，被誉为"现代新儒家"，代表作有《新理学》《中国哲学简史》《中国哲学史》《中国哲学史新编》等。曾任西南联合大学哲学心理学系教授。

1934年11月28日，中午12时，清华大学秘书长沈履给冯友兰打来电话，"嘱稍候，勿外出"，然后就匆匆挂断了。冯友兰感到有点纳闷。旋即有人来到办公室，他在疑惑不安中被带到北平公安局。

北平警察总监盯着眼前的这位清华大学教授，但见他留着一头浓黑的长发，留有长髯，身穿长袍马褂，颇有道家气象。随即，警察将手铐给他戴上，将其从北平押送至蒋介石保定行营。当晚，冯友兰被迫交代了旅欧经过。

原来冯友兰被错当作共产主义分子了，而这种误解，源自他刚刚结束的苏联之行。国民党此举引起全国哗然，人们纷纷提出抗议。多方人士对他积极营救，清华大学"共拍去六份电报，并开会讨论此事"。

第二天上午，保定行营办事人员出示国民政府军政部部长何应钦电报："如无重大嫌疑，着即释放。"一阵道歉后，冯友兰被释放出来。后来在"贞元六书"中的一书中，他讲到此事："有事则长，无事则短。我在狱中虽然只有一二日，出来以后却有度日如年之感！"

大师巨匠
西南联大1937—1946

安分守己者

1934年,他怀着极大的兴趣和探究事实真相的心理,踏上了苏联的国土。他后来回忆当时的情况时说:"关于苏联革命后的情况,有人把它说成是天国乐园,有人把它说成是人间地狱,我想亲自去看看究竟是个什么样子。"

通过耳闻目睹,他得出了如下结论:"苏联既不是人间地狱,也不是天国乐园,它不过是一个在变化中的人类社会,这种社会可能通向天国乐园,但眼前还不是。"他还通过横向比较,得出了另外一种结论:封建社会"贵贵",资本主义社会"尊富",社会主义社会"尚贤"。

回国后,他根据自己的所见所闻做了两次正式演讲。一次是漫谈苏联见闻;另一次是以"秦汉历史哲学"为题,提出了以历史唯物主义的某些思想为基本要素的"新三统五德论",集中论述了"社会存在决定社会意识,社会意识反作用于社会存在"的观点,这次讲演引起了官方的怀疑与不满。

于是,他被国民党政府警方视作政治嫌疑犯并予以逮捕、审讯。对于这次事件,1934年12月18日,鲁迅在致杨霁云的信中愤然说道:"安分守己如冯友兰,且要被逮,可以推知其他了。"

海阔天空我自飞

1915年9月，冯友兰考入北京大学，开始接受较为系统的哲学训练。当时的北京大学，正是新文化运动的发源地，如火如荼的新文化运动使冯友兰眼界大开，并且深受影响。

1919年，冯友兰赴美考察，师事新实在论者孟大格和实用主义大师杜威。1923年，冯友兰在杜威等的指导下，完成了博士论文《人生理想之比较研究》（又名《天人损益论》）。在此文中，冯友兰将世界上的哲学分为三类：第一类是损道；第二类是益道；第三类是中道。这三派哲学的分歧导源于对"天然"与"人为"的不同看法。

冯友兰认为人生境界有四种：自然境界、功利境界、道德境界和天地境界。在西南联大教书时，一次他在去授课的路上，遇到金岳霖。金岳霖问："芝生，到什么境界了？"他回答："到了天地境界了。"两人大笑，擦身而过，各自上课去了。

冯友兰晚年心境平和中正，自觉接近了"海阔天空我自飞"的状态，他也相信中国哲学必将走过四边形期的混乱状态而大放光彩，走到"仇必和而解"的全新天地中。

释古派

冯友兰《中国哲学史》的上、下卷分别于1931年、1934年写成，是中国人自己写的第一部完整的现代意义的中国哲学史。他着力论证了儒家哲学在中国哲学史上的正统地位。

该书上卷刚刚出版，清华大学就将其列为"清华大学丛书"。进入这套丛书要经过非常严格的审查，审查者是当时学术界的泰斗级人物陈寅恪和金岳霖。陈寅恪在审查报告中写道："窃查此书，取材谨严，持论精确，允宜列入清华丛书，以贡献于学界。"

此书出版前，国内关于中国哲学史的书只有胡适的《中国哲学史大纲》上卷一部，学术界纷纷关注和赞赏两者的不同之处。冯友兰自称为"释古派"，与胡适的"疑古派"相区别。然而，胡适并不认同他，曾言："天下蠢人恐无出芝生（冯友兰）右者。"

冯友兰讲授《中国哲学史》的教室，经常挤得水泄不通，不但有许多他的学生，还有不少他的慕名者来旁听。他上课旁征博引，挥洒自如，语言风趣，字字珠玑。可是他有口吃毛病，他的学生任继愈回忆他说："有点口吃，有时结一下，不是像人家很流畅；心平气和，声音很低，很平缓地讲下去。"有的学生还开玩笑说，冯教授往往一句话已经在黑板上写完，他的话还没有讲完。

贞元六书

1937年卢沟桥事变爆发后，抗日战争全面展开，冯友兰暂避长沙，写下这样一首诗："二贤祠里拜朱张，一会千秋嘉会堂。公所可游南岳耳，江山半壁太凄凉。"

始终有一种不可动摇的信念在支撑着他:"有着五千年文明之深厚基础的中华民族绝不会灭亡,困厄只是暂时的,很快就会过去,抗日战争胜利之日,就是中华民族及其文化复兴之时!"

1939年起,他先后出版了《新理学》(1939)、《新事论》(1940年)、《新世训》(1940年)、《新原人》(1943年)、《新原道》(1944年)、《新知言》(1946年)。这六部书,构成了一个完整的"新理学"哲学思想体系,冯先生将这些著作总称为"贞元之际所著书"或"贞元六书",表示其相信中华民族一定会复兴的坚定信念。

在《新原人》自序中,他曾明确地表述:"'为天地立心,为生民立命,为往圣继绝学,为万世开太平。'此哲学家所应自期许者也。况我国家民族值贞元之会,当绝续之交,通天人之际、达古今之变、明内圣外王之道者,岂可不尽所欲言,以为我国家致太平,我亿兆安心立命之用乎?虽不能至,心向往之。非曰能之,愿学焉。此《新理学》《新事论》《新世训》及此书所由作也。"

1946年5月,西南联大的使命结束,冯友兰为联大纪念碑撰写了碑文《国立西南联合大学纪念碑文》,后由闻一多篆刻、罗庸书丹,故其被称为"三绝碑"。碑文气势磅礴,旨正意远,文采横溢,被公认为可与陈寅恪纪念王国维的雄文比肩。旅美史学家何炳棣称其为"二十世纪的一篇雄文"。

若惊道术多迁变，请向兴亡事里寻

1950年，哲学界即展开了对冯友兰的批判。在后来的历次运动中，他的思想被当作唯心主义的代表而屡遭批判，其人也被打成反动学术权威而成为批斗的重点对象，备受折磨。

直到1968年秋，毛泽东在一次讲话中提到："北大有个冯友兰，搞唯心主义，我们若要懂点唯心主义，还要找他；还有个翦伯赞，搞帝王将相，我们若要懂点帝王将相，也要找他，还是让他们当教授，拿薪水。"

得此"特赦"，冯友兰才得以出了牛棚，勉强恢复自由。1972年，身处逆境中的他曾赋诗一首，其中有云："若惊道术多迁变，请向兴亡事里寻。"直到尼克松访华时，冯家被定为外宾访问的开放户，他才算过上比较正常的生活。

冯友兰晚年写自传《三松堂自序》，对自己一生治学和做人、成绩和污点做了反省。说到忏悔，他自陈过去三十年中，"毫无实事求是之意，而有哗众取宠之心，不是立其诚，而是立其伪"。季羡林称其"晚节善终，大节不亏"。

阐旧邦以辅新命

冯友兰晚年开始重新构建自己的哲学体系，此时他已目近失明，耳近失聪，自称"呆若木鸡"，然而记忆依然清晰。需要引用什么资料，他凭记忆让助手去某处查某一部分，然后由助手念给他听，由他决定取舍，往往资料的出处竟然无大出入。

他决意要写出自己的《中国哲学史新编》，里面有着信仰的支撑："不依傍别人，只写我自己。"他每天坚持从9点钟开始工作，到后来由于行动不便，感觉太过费时，便坚持上午不喝水，以免上厕所。

冯友兰在《中国哲学史新编·自序》中说："中国是古而又新的国家。《诗经》上有句诗说：'周虽旧邦，其命维新。'旧邦新命，是现代中国的特点。我要把这个特点发扬起来。"他曾撰联"阐旧邦以辅新命，极高明而道中庸"，写了挂在书房东墙，人谓"东铭"，与张载的《西铭》并列。

1990年7月，冯友兰的《中国哲学史新编》最后一册杀青；同年11月，在他95周岁生日到来之前几日，他默默地永远离开了这个世界。他生前自撰茔联："三史释今古，六书纪贞元。"这一联现在就用甲骨文刻在冯友兰的墓碑背面，是对其一生的总结。

大师巨匠
西南联大1937—1946

钱穆
温情与敬意

钱穆／1895—1990／字宾四，笔名公沙、梁隐、与忘、孤云，晚号素书老人、七房桥人，斋号素书堂、素书楼，江苏无锡人，中国现代历史学家，国学大师。
曾任西南联合大学历史系教授。

百年大师
只留清气满乾坤

　　20世纪30年代,北大校园,下午临近一点,本是学生们倦怠困乏的时刻,而此时的梯形礼堂内常热闹非凡。这是一间比普通教室大三倍的礼堂,300多人满满当当地挤在里面,"坐立皆满,盛况空前"。这样的盛况,每周都会出现两次,每次持续两个小时,中间不间断。前来听讲的学生中不乏其他院校慕名而来的。而如此吸引大家的,竟是一门听上去很容易让人感觉枯燥的历史课:中国通史课。

　　踏着上课的钟声,风度潇洒的钱穆推门而入,立即吸引了大家的目光。只见他穿一袭灰布长衫,携着几本书径直走向讲台,一副金属细边眼镜后面,两眼炯炯有神,十分自信。钱穆走到讲桌旁,将书打开,身子半倚半伏在桌上,俯着头,对那满堂的学生一眼也不看,自顾自地用一只手翻书。翻,翻,翻,足翻到一分钟以上,这时全堂的学生都坐定了,聚精会神地等着他。

　　钱穆不翻书了,抬起头来,开始滔滔不绝地讲下去,越讲越有趣味,听的人越听越有趣味。对于一个问题每每反复申论,引经据典,使大家惊异于其知识之渊博,更惊异于其记忆力之强。每讲到得意处,他像和人争论问题一样,高声辩论,面红耳赤,在讲台上龙行虎步,走来走去……

大师巨匠
西南联大1937—1946

自学名家

钱穆的故乡，在江南水乡无锡的七房桥。父亲钱承沛考中秀才后，因体弱多病，无意科名。他对两个儿子却寄予厚望，希望他们能读书入仕。父亲去世的第二年，兄弟二人不负父望，双双考入常州府中学堂。

1911年，辛亥革命爆发，学校停办，学习成绩优异的钱穆辍学在家，时年16岁。因为家境困难，不久他便到三兼小学任教，开始了长达10年的乡教生涯。自知上大学无望，他便立志自学，从此发奋苦读，"夏暑为防蚊叮，效父纳双足入瓮夜读"，"未尝敢一日废学"。一次读到《曾国藩家书》，曾说自己每读一书必认真从头读到尾，钱穆从此也如此要求自己。同时，他仿照古人"刚日诵经，柔日读史"的经验，身体力行，规定自己早上读经、子，晚上读史书，中间读闲书，充分提高读书的效率。

钱穆通过10年乡教苦读，探索出独特的治学方法和治学门径。他认为，中国传统文化的精髓就在儒学。他主张多读书，勤思考，先"通"后"专"。不同于西方学问的分门别类，互不相关，中国的经史子集四部，是治学的四个门径，入门后，触类旁通，最后融而合一。

当时学术界正流行康有为的《新学伪经考》，钱穆对他的观点十分怀疑，用缜密的考据证明康有为的观点是错误的。1930年，钱穆发表《刘向歆父子年谱》，轰动一时，一扫刘歆编造群经说，在经学史上另辟了以史治经的新路子，对经学史研究具有划时代的贡献。各大学的课程原来都采用康有为的学说，这年新学年开学纷纷停用，开始采用钱穆的观点。

正是在这一年，钱穆在顾颉刚的大力推荐下，应聘到燕京大学任教，从此人生发生重大转折。1931年，钱穆正式应聘北京大学，成为北大教授。钱穆刚到北大，又接到清华聘书，燕京大学和师范大学也坚请他兼课。盛情难却，钱穆只好在4个大学之间奔波。在北京4所著名大学执教，他却是一个连高中都没有毕业的自学者，一时名动北京。此时的钱穆只有36岁。

北胡南钱

钱穆在北大讲授通史课，事实性强，不骋空论，有据有识，简要精到，并能深入浅出，就近取譬。如他比较中西文化，喻秦汉文化犹如此室的四周遍悬万盏明灯，打碎一盏，其余犹亮；罗马文化为一盏巨灯，熄灭了就一片黑暗。从1930年至1937年，短短几年，钱穆节衣缩食，购置书籍5万余册，并自嘲说："一旦失业，我自己开个书店，就可以维持生计。"

课堂之大，听众之多，和那一排高似一排的座位，衬得下面讲台上穿着长衫的钱穆似乎更矮小了。但这位小个儿导师，支配着大课堂的神志。一口洪亮的无锡官话，震撼了在座每一位学生的心。"几如登辩论场"，他与胡适都因以演讲的方式上课而驰名学校，成为北大最叫座的教授之一，在学生中即有"北胡南钱"

之说。

  钱穆在西南联大上课时,因为校内外的旁听生太多,连教室过道都被挤得水泄不通,他常常不得不踩着学生的课桌才能走到讲台上。有学生一直听钱穆的课,从北京跟到昆明,竟然连续听了6年,表示自己"每年都有新得,屡听而不厌"。

  钱穆在讲课中,也随时联系、批评胡适的一些论点,常说:"这一点胡先生又考证错了。"学生们或主胡说,或赞钱说,彼此争论不断。有一次,赞同老子晚出之说的同学认为胡适"在老子的时代问题上有成见",胡适愤然地说道:"老子又不是我的老子,我哪会有成见呢?"不过他的态度仍很客观,随后又对同学们说:"在大学里,各位教授将各种学说介绍给大家,同学应当自己去选择,看哪一个更合乎真理。"

  钱穆与胡适二人在老子生年、《说儒》等学术问题上观点相异,时有争辩。具体学术分歧尚属表面,深层原因是钱对胡的"新文化"主张不以为然。他后来甚至认为,中国思想界"实病在一辈高级知识分子身上",如"新文化运动,凡中国固有(文化)必遭排斥",贻害深远。

温情与敬意

  抗战时期,钱穆在西南联大时时躲避不断空袭的混乱中,开始准备撰写《国史大纲》。他把自己关在远离昆明70公里的宜良县岩泉寺里，每天笔耕不辍。写作的同时，他还得每周四下山，乘坐小火车赶往昆明上课，周日再奔波返回。有一次，陈寅恪前来看望，不禁感叹："使我一个人住此，非得神经病不可。"用了一年时间，钱穆写就了这部53万余字的书稿，并于1940年出版。他强调，"国民当知国史"，由此方能建起信仰。因而，在《国史大纲》引论中，钱穆倡导对"本国以往历史"，须抱有一种"温情与敬意"，如此才不会产生"偏激的虚无主义"。

1949年，钱穆到达香港后，即创办新亚书院，收留因战乱流离的学生。他秉承中国传统知识分子经世救国的抱负，曾坦言："我创办新亚的动机，是因为当初从大陆出来，见到许多流亡青年，到处彷徨，走投无路，而我觉得自己是从事教育工作的人，怎忍眼看他们失学。同时，也觉得自己只有这一条适当的路可以走。虽然没有一点把握，但始终认定这是一件应当做的事。"

新亚之名，即为钱穆提倡"新亚洲"的志愿，以此为在香港的中国人争取稍微光明的未来。之后，崇基、新亚、联合3家书院合并时，钱穆坚持国家民族立场，向英国政府极力争取，提议在香港这个特殊地区，使用中文作为新大学的名称，这便是现今的香港中文大学。

不要忘记了中国！

钱穆一生以教育为业，五代弟子，冠盖云集，严耕望等人皆出门下。他去世时,弟子严耕望将恩师同陈寅恪、吕思勉和陈垣并称为"前辈史学四大家"。黄仁宇则评价其"可能是将中国写历史的传统承前接后带到现代的首屈一指的大师"。

钱穆10岁时,中学的一位体育教师曾告诉他,《三国演义》之类的书籍"可勿再读",因为"此书一开首即云:'天下合久必分,分久必合,一治一乱。'此乃中国历史走上了错路,故有此态。若如今欧洲英、法诸国,合了便不再分,治了便不再乱。我们此后正该学他们"。

此番话给年幼的钱穆以极大的震动,从此"东西方文化孰得孰失,孰优孰劣"的问题"围困"了钱穆一生。他最终回归到了中华民族文化中,并给予了高度评价:"我民族国家之前途,仍将于我先民文化所贻自身内部获其生机。"

钱穆一生著述54部,共计1700多万字。他晚年目盲,依赖夫人胡美琦查阅旧籍,引述成文。稿成后,再请夫人诵读,口授订正。最后一部著作《晚年盲言》就是这样诞生的。

钱穆的最后一篇文章,是临终前3个月口授,由夫人记录整理而成,表达了他对中国文化的最终信念。他对儒家"天人合一"这一最高命题"专一玩味",并因自己最终彻悟而感到快慰。他认为:"天人合一是中国文化的最高信仰,文化与自然合一则是中国文化的终极理想。"这是他的晚年定论和临终遗言。

1967年10月,72岁的钱穆偕夫人迁居台北。在蒋介石的高度礼遇下,他们住进了外双溪东吴大学旁一栋雅致的别墅式两层楼房。该楼由胡美琦亲自设计,钱穆取名"素书楼"。

1986年6月9日,钱穆生辰那天,91岁的他在素书楼里为弟子们上了"最后一课",并留下最后的赠言:"你是中国人,不要忘记了中国!"此时的他,犹如50多年前,在北大的阶梯礼堂里,面对着300多名青年学生激情洋溢地讲授中国通史课一样,依然神定气足、双目炯炯。那眼睛里的光芒,好像把在场所有人的心都照亮了。

1990年8月30日,95岁的钱穆无疾而终。两年后,夫人胡美琦将他的骨灰带到江苏无锡老家,撒入太湖。钱穆生前曾立下誓言:"如果活着时不能回去,死后也要归葬故里。"他以这样的方式,回到了魂牵梦绕的家乡。

大师巨匠
西南联大 1937—1946

金岳霖
顽童哲学家

金岳霖／1895—1984／字龙荪，生于湖南长沙，原籍浙江诸暨，著名哲学家、逻辑学家，最早把西方现代逻辑系统地介绍到中国来的逻辑学家之一。他把西方哲学与中国哲学相结合，建立了独特的哲学体系。

1938年，任西南联大文学院心理学系教授兼清华大学哲学系主任。

1924年的一天，阳光明媚，游学欧洲的金岳霖与好友张奚若以及自己的情人美国女孩秦丽琳，在法国巴黎的圣米歇大街上散步。金岳霖身材高大，仪表端庄，西服革履，执手杖，戴墨镜，一副英国绅士派头。因为畏光，他常年戴着一顶呢帽。呢帽的前檐被压得比较低，他的脑袋总是微微地仰着。

突然，张奚若和秦丽琳不知道因什么事情争论了起来，两人彼此都无法说服对方，争得面红耳赤。金岳霖却饶有兴趣地在一旁观战，任由两人不断地争论，渐渐地从中感受到"逻辑"的味道。

在那一刻，金岳霖就决定跟逻辑"干上了"，从此开始了逻辑研究的事业生涯。正是这场发生在法国街头的吵架，促成了日后大家公认的中国哲学界的第一人。

我觉得它很好玩

徐志摩这样描述他这个研究逻辑的朋友："金先生的嗜好是捡起一根名词的头发，耐心地拿在手里给分。他可以暂时不吃饭，但这头发丝粗得怪讨厌的,非给它劈开了不得舒服……"

十几岁时,金岳霖就发现中国俗语"金钱如粪土,朋友值千金"有问题。并不懂得逻辑推理为何物的他发现,如果把这两句话作为前提,可以得出一个结论——朋友如粪土。

后来在西南联大执教时,金岳霖主讲逻辑学,有学生感到这门学问十分枯燥,便好奇地问他:"你为什么要搞逻辑?"金教授答:"我觉得它很好玩。"

天真烂漫

将学问当作好玩之事的金岳霖,在生活中更是天真烂漫。好友钱端升的夫人曾用"淘气"一词形容他。

金岳霖喜欢搜集大号水果,大苹果、大桃子、大橘子、大石榴等摆满了整个案头,尤其酷爱大梨。他到处搜罗大梨,拿去和别的教授的孩子比赛。比输了,就把梨送给他的小朋友,他再去买。即使晚年腿脚不便,他也要坐三轮车到市场上,把看到的最大的梨买回家。

他最有名的癖好是养鸡。第一次养的鸡是从北京庙会上买来的一对黑狼山鸡,后来被他喂多了鱼肝油,活活撑死了。再后来,他又养了一只云南斗鸡。这只斗鸡能把脖子伸上来,和他在一张桌子上吃饭,两者共餐,安之若素。偶尔,他还会带着大公鸡出门溜达,引来路人纷纷围观,两者依旧我行我素,都不在乎。

除了养鸡，金岳霖还喜欢养蟋蟀。一开始，他养蟋蟀是为了斗蟋蟀；到了晚年，则是为了听它们的鸣声。每当夜深人静的时候，蟋蟀们节奏分明的鸣叫声从一隅发出，为寂静的屋子增加了几分生气。

魏晋之风

冯友兰曾说，金岳霖的风度"很像魏晋大玄学家嵇康"。金岳霖曾说过，"与其做官，不如开剃头店，与其在部里拍马，不如在水果摊子上唱歌"。

他研究哲学，却看了不少小说，尤其爱看平江不肖生的《江湖奇侠传》。有一次，金岳霖被朋友拉了去，讲解《小说和哲学》。大家以为金先生一定会讲出一番道理，不料他讲了半天，结论却是：小说和哲学没有关系。

他讲着讲着，忽然停下来："对不起，我这里有个小动物。"他把右手伸进后脖颈，捉出了一只跳蚤，捏在手指里看看，甚为得意。

他酷爱诗词，有时候兴起，会作一些"歪诗"。辛亥革命爆发之后，金岳霖就剪去了头上的辫子，还模仿唐诗《黄鹤楼》写了首打油诗："辫子已随前清去，此地空余和尚头。辫子一去不复返，此头千载光溜溜。"

大师巨匠
西南联大1937—1946

丰富的幽默感

冰心说金岳霖有"丰富的幽默感",记得有一次他笑着对她说:"我这个人真是老了,我的记性坏到了'忘我'的地步!有一次我出门访友,到人家门口按了铃,这家的女工出来开门,问我'贵姓'。我忽然忘了我'贵姓'了。我说请你等一会儿,我去问我的司机同志我'贵姓',弄得那位女工张着嘴半天说不出话来……"

戴着遮阳帽、架着一副黑白镜框的眼镜,成为金岳霖的标志性造型。对此,他曾对学生打趣地说:"我年轻的时候眼睛不好。不好到什么程度呢?因为我这个眼睛左眼近视800度,右眼远视700度,结果来一个汽车,我看到七八个,然后我就不知道该躲哪一个了,可能七八个哪一个都不是真的。"

20世纪50年代,北京大学请艾思奇讲演,批判形式逻辑。艾思奇讲完后,金岳霖说,刚才艾先生的讲话完全符合形式逻辑。

中国哲学界第一人

张申府曾经提出,"在中国哲学界,以金岳霖先生为第一人"。他是第一个运用西方哲学的方法,融会中国哲学的精神,建立自己的哲学体系的中国哲学家。

《论道》一书是他的本体论。他用中国传统哲学中的最高概念"道",将"式""能"统括起来,成为他的哲学的"最上的概念""最高的境界"。贺麟称之为"一本最有独创性的玄学著作"。

《知识论》更在中国哲学史上首次构建了完整的知识论体系。金岳霖曾经说过:"这本《知识论》是一本多灾多难的书。抗战期间,我在昆明时已经把它写完了。有一次空袭警报响起,我把稿子包好,跑到昆明北边的蛇山躲着,自己就席地坐在稿子上。警报解除后,我站起来就走。等到我记起时,返回去,稿子已经没有了。这是几十万字的书,重写并不容易。可是,得重写。《知识论》是我花精力最多、时间最长的一本书!"

在西南联大时,金岳霖有个习惯,那就是利用每周不上课的三天时间,全心全意做学问,雷打不动,客人一概不见。1938年9月28日,日本飞机突袭云南,空袭警报大作,而金岳霖在书斋里充耳未闻。几枚炸弹在他所在的那栋楼前后左右开花,有的楼应声倒下,而恰恰他在的那栋楼安然无事。等到被惊醒跑出来时,看见地上一片狼藉,他一脸茫然。

我应该退出

金岳霖字龙荪,与叶企孙、陈岱孙并称"清华三孙",他们的共同特点便是终身未娶。他的一生,在他的道德文章之外,最为世人所津津乐道的,无疑是他对林徽因的恋情。

金岳霖是通过徐志摩的介绍认识林徽因的。后来他与梁思成夫妇交情很深，长期比邻而居。金岳霖对林徽因的人品、才华赞羡至极，而林徽因也爱上了这位理性又能说会道的哲学教授。

当时林徽因感觉自己同时爱上了两个人，苦于无法解决，径直向梁思成倾诉。梁思成想了一夜，辗转反侧，第二天对她说："你是自由的，如果你选择了老金，我祝你们永远幸福。"

林徽因将这些告诉了金岳霖，他的回答是："看来思成是真正爱你的，我不能去伤害一个真正爱你的人，我应该退出。"从此，他们三人成为终生的好朋友。

林徽因死后，有一年，金岳霖郑重其事地在北京饭店设宴。老朋友收到通知，都纳闷："老金为什么请客？"到了之后，金先生才宣布："今天是徽因的生日。"顿使举座唏嘘感叹。

顽童哲学家

早年在西南联大的学生殷海光，曾这样描述当年金岳霖对他的影响："在这样的氛围里，我忽然碰见业师金岳霖先生，真像浓雾里看见太阳……论他本人，他是那么质实、谨严、和易、幽默、格调高，从来不拿恭维话送人情，在是非真妄之际一点也不含糊。"

汪曾祺认为金岳霖"有赤子之心"；而在青年批评家王晓渔眼中，金岳霖则是一个"顽童哲学家"，"不管在别人的回忆文章还是他自己的回忆录里，他都是一个'天真汉'的形象"。

1984年10月19日,金岳霖在北京寓所逝世,享年90岁。他去世后,骨灰被安放在八宝山革命公墓。林徽因的坟墓位于八宝山革命公墓二墓区,梁思成的骨灰安放于党和国家领导人专用骨灰堂,都离得不远。

他们三人,终于又可以团聚。

大师巨匠
西南联大 1937—1946

傅斯年
人间一个最稀有的天才

傅斯年／1896—1950／字孟真，山东聊城人，祖籍江西永丰，历史学家，学术领导人，五四运动学生领袖之一，中央研究院历史语言研究所的创办者。代表作有《傅孟真先生集》等。抗战爆发后，任国民参政会参政员，兼任西南联合大学教授。

百年大师
只留清气满乾坤

　　1919年5月4日注定是一个将被永远载入史册的日子。下午1时左右,天安门开始有大队学生集结,个个手持白旗,散布传单,群众"环集如堵"。这一场景引起了当时《晨报》记者的注意,记者对其进行了跟踪报道,记录下这历史性的时刻。

　　最先到达天安门的是高师、汇文两校,北大因整队出发时,有教育部代表及军警长官来劝阻,理论多时,因此到达最迟。"凡先到者辄欢迎后来者以掌声,而后来者则应和之以摇旗",这场政治抗议的示威游行,犹如一次盛大的民主阅兵式,"步法整齐,仪容严肃"。这是一场"有纪律的抗议"。

　　五四运动的总指挥傅斯年,扛着大旗,走在队伍的最前列。他身材极胖,白白净净,眉宇间透着"天生的领袖人物"的气质,在人群里很是显眼。他率领着13所学校3000多名大学生,"排队到各公馆去",表达"外争国权,内惩国贼"的意愿。然而,星期天各国公使多不在班上,学生排队到东交民巷使馆区后计划落空。他们继而想借道穿越使馆区继续游行,也被依"法"拒绝。"颇受刺激"的学生们在受阻两个多小时后,决定直扑曹汝霖家。

　　负总指挥责任的傅斯年,恐发生意外,极力劝阻,"却亦毫无效力了"。于是,他只好扛起大旗,带着队伍离开东交民巷,经御汉桥、东单牌楼，往赵家楼的曹汝霖住宅而去。下午4时左右，队伍挺进赵家楼，因总指挥等人的有力维持，学生们还没有真正失控，然而这仍未能避免随后发生的"火烧赵家楼，痛打章宗祥"事件。

这场行动，被公认为几乎改变了20世纪中国的走向，更有学者称其为"最为壮丽的精神日出"。担任五四运动总指挥的傅斯年，也开始被更多的人所熟知和追捧。

我要和你决斗！

傅斯年脾气暴烈，是出了名的，人称"傅大炮"，后来历史语言研究所的人私下里更直接称呼其为"傅老虎"。1919年5月5日，五四运动的第二天，傅斯年就和一个"冲动到理智失去平衡的同学"打了一架，于是他大怒一场，"赌咒不到学生会里来工作"。

有一次为中医问题，傅斯年反对孔庚的议案，两个人激烈辩论。孔庚当然辩不过傅斯年，于是在座位上开始辱骂傅斯年，说了许多的粗话，傅斯年气得说："你侮辱我，会散之后我要和你决斗。"

等到会散之后，傅斯年真的拦在门口要和孔庚决斗，可是他一见孔庚七十几的年纪，身体又非常瘦弱，傅斯年立刻将双手垂了下来说："你这样老，这样瘦，不和你决斗了，让你骂了罢！"

1927年，傅斯年在广州中山大学教书，既是系主任，又是院长。一天他和别人吵架，吵完后找到他的朋友罗家伦和何思源等人，一见面就把皮包往地上一摔，一屁股坐到地上，撒泼，张嘴大哭，非要他们帮他去打架出气。

有人说傅斯年脾气来了，是炮；温柔起来，像猫。抗战时在昆明，陈寅恪住三楼，傅斯年住一楼。每次警报一响，大家都往楼下防空洞跑。傅斯年却逆流而上，到三楼将患有眼疾的陈寅恪扶下楼，再一起躲进防空洞。

你们不能闹

傅斯年生于山东聊城一个没落的名门望族，祖先傅以渐是清朝建立后的第一个状元，傅氏家族有"开代文章第一家"的称誉。傅斯年自幼聪颖好学，熟读儒学经典，号称"黄河流域第一才子"、继孔圣人之后两千年来又一位"傅圣人"。

胡适刚到北大教授中国哲学史的时候，因为讲授方法和内容特别，在学生中引起不小的争议。有人认为胡适远不如国学大师陈汉章，想把他赶走；有人则认为，胡适读的书虽然没有陈汉章多，讲课却颇有新意。

傅斯年本不是哲学系的学生，但在同室顾颉刚的鼓动下去旁听了几次胡适的课。结果听完之后，他对哲学系几位要好的同学说："这个人书虽然读得不多，但他走的这条路是对的。你们不能闹。"

由于傅斯年在同学中的威信，年轻的胡适在北大讲坛站稳了脚跟。后来回忆起这段日子时，胡适感慨地说："我这个二十几岁的留学生，在北京大学教书，面对着一班思想成熟的学生，没有引起风波；十几年以后才晓得孟真暗地里做了我的保护人。"

傅斯年在历史学研究方面，主张"上穷碧落下黄泉，动手动脚找东西"，重视考古材料在历史研究中的作用，摆脱故纸堆的束缚，同时注意将语言学等其他学科的观点、方法运用到历史研究中，在现代历史学上具有很高的地位。

大粪堆上插一朵花

他在担任国民参政员时，曾经两次上书弹劾行政院院长孔祥熙。虽然上层不予理睬，但后来傅斯年还是抓住了孔祥熙贪污的劣迹，在国民参政大会上炮轰孔祥熙。蒋介石为保护孔祥熙，亲自出面宴请傅斯年，想为孔祥熙说情。

蒋问："你信任我吗？"傅斯年答："我绝对信任。""你既然信任我，那么就应该信任我所任用的人。"傅斯年说："委员长我是信任的。至于说因为信任你也就该信任你所任用的人，那么，砍掉我的脑袋我也不能这样说。"蒋介石无奈，只得让孔祥熙下台。

1945年6月，宋子文继任行政院院长。1947年2月15日，傅斯年在《世纪评论》上发表《这个样子的宋子文非走不可》一文，对宋子文的胡作非为进行了猛烈抨击。朝野震动，宋子文也只好在社会上的一片反对声中辞职。

蒋介石对傅斯年这个桀骜不驯之士欣赏有加，一心想把傅斯年拉入政府当官。结果，任说客说破了天，傅斯年坚决不肯加入政府。蒋介石死了心，转而想拉胡适进入政府，希望傅斯年能做做说服工作，结果傅斯年也竭力反对。

在给胡适的信中，傅斯年说："一入政府，没人再听我们一句话。"他劝胡适要保持名节，其中有一句话极有分量："借重先生，全为大粪堆上插一朵花。"正是这句话，打消了胡适做官的念头。

宇宙的精神

1948年的最后一天，辞旧迎新的夜晚，干冷的金陵古城显得愈加萧瑟，傅斯年与刚从北平回到南京的胡适共度岁末。两人置酒对饮，相视凄然。瞻念未卜前途，留恋既往乡土，两人思前想后，不禁潸然泪下。

拿着台大校长的委任状，傅斯年将自己关在房中，三天三夜，绕室踱步，反复吟咏、书写陶渊明"种桑长江边"的诗句，踟蹰不已。他最终决定到台湾就职，当时心中仍有"先去看一看，也许很快就能回来"的想法，因此只带了部分亲人前往。

傅斯年面对的台湾大学，百废待举，随即发生了"四六事件"，局势越演越烈。他亲自找国民党最高当局进行交涉，甚至向当时警备总司令部官员彭孟缉力争:"若有学生流血,我要跟你拼命!"

学潮过后,1949年11月,傅斯年首次主持台大校庆,在致辞中摒弃了日据时期的办学政策,明确表示要"纯粹地为办大学而办大学"。最后,他以荷兰哲学家斯宾诺莎的"宇宙的精神在于追求真理"观念与师生共勉:"我们贡献这所大学于宇宙的精神。"

人间一个最稀有的天才

胡适曾说:"(傅斯年是)人间一个最稀有的天才。他的记忆力最强,理解力也最强。他能做最细密的绣花针功夫,他又有最大胆的大刀阔斧本领。他是最能做学问的学人,同时他又是最能办事、最有组织才干的天生领袖人物。他的情感是最有热力、往往带有爆炸性的;同时,他又是最温柔、最富于理智、最有条理的一个可爱可亲的人。这都是人世最难得合并在一个人身上的才性,而我们的孟真确能一身兼有这些最难兼有的品性与才能。"

傅斯年去世前夕,曾当着蒋梦麟的面发表趣谈:"先生学问比不上孑民先生,办事却比蔡先生高明。我自己的学问比不上胡适之,办事却比胡先生高明。"最后笑着批评蔡、胡两位先生说:"这两位先生的办事,真不敢恭维。"罗家伦以"纵横天岸马,俊奇人中龙"来形容傅斯年的才气与风格,称他是"元气淋漓的人"。

1950年12月20日下午6时10分,台北南海路54号省议会大厅内，参加完会议的傅斯年从台上走下来。他突然脸色苍白，坐在台下的陈雪屏发现他步履不稳，上前搀扶。傅斯年只说了一句"不好！"，便倒在陈雪屏怀中昏厥过去。傅斯年突发脑溢血，经抢救无效，当晚11时23分离世，当时54岁。

12月22日10时30分，傅斯年的遗体被送往火葬场，上千人冒着大雨，踏着泥泞的道路，慢慢行走。热泪横流的学生们手执小旗，上面写着"校长，回头来瞧瞧我们！"。此情此景，仿佛回到了31年前的那场学生运动现场，而不再扛旗的傅斯年，依旧在队伍的最前列。

一年后，台大在校园一隅建造了一座罗马式纪念亭，亭中砌长方形墓一座，墓前立有无字碑，修有喷水池。傅斯年被安葬在此处，这个僻静的小墓园则被称为"傅园"。后来又在行政大楼的正对面架设了"傅钟"，上面刻有傅斯年提出的"敦品励学，爱国爱人"八字校训。此后每节上下课，"傅钟"都会响21声，因为傅斯年曾说过："一天只有21小时，剩下3小时是用来沉思的。"每当钟声回荡在椰林大道，两旁的翠柏显得更加峻拔浓郁，杜鹃花也愈加热烈绚烂。

大师巨匠
西南联大1937—1946

吴晗
天真犹自笑盈盈

吴晗 / 1909—1969 / 原名吴春晗，字辰伯，笔名语轩、酉生等，浙江义乌人。著名历史学家、社会活动家、现代明史研究的开拓者和奠基者之一。代表作有《朱元璋传》《投枪集》《论海瑞》，历史剧《海瑞罢官》，杂文《三家村札记》（与邓拓、廖沫沙合写）等。
曾任西南联合大学历史系教授。

1931年8月19日，短暂的暑假之后，北平的各大学陆续开学，时任清华大学代理校务的翁文灏和教务长张子高收到了一封推荐信，展开一看，是时任北京大学文学院院长胡适写来的：

"清华今年录取了的转学生中，有一个吴春晗，是中国公学转来的……此人家境甚贫，本想半工半读，但他在清华无熟人，恐难急切得一个工读机会。他若没有工作的机会，就不能入学了。我劝他决定入学，并许他代求两兄帮忙。此事倘蒙两兄大力相助，我真感激不尽……"

信中提到的这位吴春晗，翁文灏和张子高都认得，他刚刚被清华破格录取，就是后来在中国政界和史学界都鼎鼎大名的吴晗。吴晗原本是胡适在中国公学的学生，后来追随其来到北平。他一开始报考的是北大史学系，但其偏科严重，入学考试需考文史、英文和数学三科，他的文史、英文均得满分，而数学竟然考了零分。按北大规定，有一门零分者，不得录取。随后他抱着一线希望改投清华，取得同样成绩，但清华网开一面，以文史成绩特别优异为由，破格录取了他。

吴晗进入清华时，家道基本败落，一切上学的费用都只能靠自筹。胡适对这位弟子青睐有加，他在吴晗被录取后没几天，即写了这封强有力的推荐信，还大力介绍了吴晗的学术水准。翁文灏看完信之后，立即让张子高去找文学院院长冯友兰和历史系主任蒋廷黻研究办理。

很快，吴晗便顺利地获得了工读机会，每月可以收入25元大洋。按照当时一般平民的标准，每人每月的生活费用只需4元左右，25元足以维持生活和交学费了。在胡适的关照和指导下，吴晗在学业上日益精进，并将自己的研究方向确定为明史，日后成为中国现代明史研究的开拓者和奠基者之一。

蛀书虫

1909年，吴晗出生于浙江义乌，家庭经济状况时常颠簸于温饱与小康之间。其父吴瑸珏，秀才出身，家道颇严，在吴晗11岁时就让他读《御批通鉴》，有不少段落还指定他背诵。《御批通鉴》成为吴晗后来学习历史的启蒙教材。

吴晗小时候很爱看书，特别爱看历史书和历史小说。家里的书看完了，他就到处去借书。有时为了借一本书，他能跑几十里地。遇到人家不肯借走的，他就蹲在人家门口看。能借走的，他就边走边看，经常是回到家时，书已经看完了，然后又立即去还书。书的主人怀疑他是否真的看过，就问他书的内容，他都能马上讲出来。时间长了，当地人称他为"蛀书虫"。

吴晗也很想买书，但没有钱。有一次在假期回家路上，为了买一部书，他把自己的铺盖卷全卖了。回家以后，父亲打得他浑身青紫。妹妹吴浦月看到哥哥没钱买书，把自己积攒的压岁钱全部给了他。中学期间，靠着妹妹的帮助和自己的节约，吴晗买了前四史——《史记》《汉书》《后汉书》和《三国志》。

1925年，吴晗中学毕业时，父亲得了肺病，家里再也无力供他上学，他只好在本村的椒峰小学教书。他教学认真负责，但不甘心长期当小学教师。后来，他打听到广州有所黄埔军校颇有名声，而且上学不用花钱，就打算到广州去。父亲因为家庭经济困难，坚决不答应吴晗上学的请求，而吴晗执意要升学。1927年暑假的一天，吴晗终于不辞而别，离开了家乡。

一个多星期后，焦急万分的家人收到吴晗从金华写给父母的一封信。吴晗在信上说，自己不孝，升学无望，要到天台山去当和尚，因为那儿有学问渊博的名师。经过朋友的劝阻，吴晗没有去当和尚，而是靠着大家的筹划和接济，从金华来到杭州，考入私立之江大学预科。一年后，之江大学停办，吴晗又辗转到上海。1929年，吴晗考入在吴淞的中国公学。在那里，他与胡适结下不解之缘。

大师巨匠
西南联大1937—1946

腐儒

进入中国公学，吴晗即成为校长胡适的门生，不久写下《西汉的经济状况》一文，深得胡适赞赏。1930年3月19日，吴晗第一次给胡适写信，讨教自己在整理《佛国记》时遇到的问题："明知先生很忙，不过除了先生之外，我实在想不出一个比先生更能用科学的方法来解决和指导路径的人。"

不久，胡适离开中国公学。吴晗追随其北上，经人介绍，由顾颉刚安排在燕京大学图书馆当馆员。1931年初，他写成《胡应麟年谱》，再度为此写信讨教胡适。胡适在收信的第二天即给吴晗回信，对其作品大加赞赏，并约吴晗"星期有暇请来谈"。从此，吴晗成为胡适的"弟子"。

吴晗作为清华学子，全面师法的却是胡适这位北大先生的治学方法。在给吴晗的信件中，胡适对这位弟子进行了多方面的指导："治明史不是要你做一部新《明史》，只是要你训练自己作一个能整理明代资料的学者。"吴晗读了之后，欣然接受："光耀所及，四面八方都是坦途。"从此明确了治明史的方向。

尽管吴晗在胡适的帮助下谋得一个工读的机会，但老家的经济情况每况愈下，弟弟妹妹的学费、生活费都得靠他筹集，生活从来没有宽裕过。他身上仍然穿着母亲亲手缝制的蓝色土布长衫，脚上是土布鞋。对此他毫不介意，一心扑在学业上。同学们见他不分白天黑夜地读书、写文章，选课也只选中国史方面的，既不参加文体活动，也不看戏、看电影，穿着又土里土气，于是有人给他起外号"腐儒"。这原本是一个贬义词,吴晗听了不但不生气,反而高兴地说:"'腐儒'不简单,司马迁在《史记》里还称汉代名臣随何为'腐儒'呢!"

大学期间,吴晗共写下40多篇文章,其中《胡惟庸党案考》《〈金瓶梅〉的著作时代及其社会背景》《明代之农民》等文,颇受当时史界名流青睐。大学毕业后,吴晗留在清华大学讲授明史课,影响直追陈寅恪、张荫麟这些史学大家。

不是我自己

1931年"九一八"事变爆发,东三省沦陷,群情激奋。吴晗在1932年1月30日给胡适的信中指责当局:"翻开任何国任何朝代的历史来看,找不出这样一个卑鄙无耻、丧心病狂的政府。"并在信中说,希望"先生也同样地予以解决的方法并指示一条应走的路"。胡适没有直接给出回答。

1937年,抗日战争全面爆发后,吴晗应聘到云南大学任教授,后到西南联大任教。因对现状日益不满,吴晗逐步投入抗日民主运动。国难当头之时,国民政府官员的腐败传闻沸沸扬扬,中国共产党地下党组织在西南联大四处活动,与吴晗多有接触。国难、贫困、艰辛、腐败传闻交织在一起,加上妻子袁震的影响,吴晗的思想逐渐倾向于马克思主义。

1943年7月,经周新民、潘光旦介绍,吴晗正式加入中国民

大师巨匠
西南联大1937—1946

主政团同盟（后改名为中国民主同盟），开始全面抛弃胡适的"读书救国"论："长一辈的上一时代某些青年呢？却脑满肠肥，装作笑脸劝导着'少安勿躁！国事我们自有办法，青年还是读书第一，不必受人利用'。"这一年，吴晗写成《由僧钵到皇权》一书，走的几乎是"影射史学"的路子，用以影射蒋介石。

1946年5月，西南联大解散，吴晗前往上海。其间，恰好胡适也在，吴晗曾致信求见，胡适未予理睬。回北平后，吴晗再度拜访胡适，两人话不投机，不欢而散。当胡适得知吴晗去向后，不由长叹："吴晗可惜，走错路了。"曾有学生问吴晗："吴先生，我初见你时，你和现在不一样啊！究竟是什么力量使你转变的呢？"他沉默了几分钟，说："不是我自己，是时代，是历史，还有……"

天真犹自笑盈盈

1965年11月，经过秘密策划，姚文元在《文汇报》发表《评新编历史剧〈海瑞罢官〉》，指责吴晗的《海瑞罢官》是反党反社会主义的"一株毒草"，是在"为彭德怀翻案"，是引发"文化大革命"的导火线。

吴晗被关了起来，背上了"叛徒""特务"等莫须有的罪名，从精神到肉体都惨遭摧残，有时被铜丝勒得脖子直流血。他的家人常常被"深夜里猛烈（的）砸门声惊醒"，小儿子吴彰回忆说：

"（我）老是吓得缩在妈妈怀里。他们翻过围墙，破门而入。整个院子贴满了'绞死''砸烂'的大标语。"不久，吴晗进了劳改队，"他的身上总是旧创未平、新伤又起"。随后袁震也被送入劳改队，后双腿瘫痪。

1969年3月19日，11岁的吴彰跟着15岁的姐姐吴小彦去太平间看已于前一天去世的妈妈，"妈妈双眼半睁，面颊上还有几滴泪珠"。1969年10月11日，吴晗被迫害致死，死前头发被拔光，其骨灰至今下落不明。1976年9月23日，养女吴小彦在狱中自杀身亡。"文革"十年，吴晗家破人亡。

"文革"结束后，1979年7月，北京市委为"三家村反党集团"冤案平反，为吴晗恢复党籍，恢复名誉。1980年，吴晗好友、"三家村"作者之一廖沫沙，在一张摄于1964年的吴晗照片上题写了一首诗："鬼蜮为灾祸已萌，天真犹自笑盈盈。可怜一觉开封梦，留得身前身后名。"

如今，吴晗纪念亭静静地伫立在清华大学校园的近春园遗址内，邓小平题写的"晗亭"两个大字高悬亭上。当政治的诡谲云烟渐渐散去，历史深处的吴晗形象，正拖着备受煎熬和摧残的身影，慢慢地回到当年那条辗转奔波却充实快乐的学术之路上。

强国奠基

格物致知日日新

大师巨匠
西南联大1937—1946

吴大猷
中国物理学之父

吴大猷 / 1907—2000 / 生于广东省广州市，祖籍广东省高要县。国际著名的物理学家，被誉为"中国物理学之父"。代表作有《吴大猷文选》《物理学的性质、简史和哲学》等。
历任北京大学物理学教授、西南联合大学教授。

1928年的冬天,南开大学物理学院,一场师生联欢会正在热烈地举办。现场,有一个名叫阮冠世的女生,闯进了吴大猷的视线。当时的吴大猷是大四学生,物理名师饶毓泰的得意门生。而阮冠世是物理学院大一的新生,她长着一双明眸善睐的大眼睛,容貌端庄、亭亭玉立。虽然她的身体有点弱不禁风,但是意志坚强,勤奋上进,学业成绩优异——这个女生给吴大猷留下了难以忘怀的印象。

　　不久,吴大猷由于成绩优异,被学校聘为助教,给大一新生上物理实验课,阮冠世于是成了他的学生。有一天,吴大猷终于大胆地给阮冠世写了一张约会的小纸条,她欣然赴约。从此炽烈缠绵、忠贞不渝的爱情之火便燃烧起来。

　　接下来,吴大猷天天跑到女生宿舍找阮冠世,但只能在门口说话,因为学校规定,男女生不得进入对方宿舍。起初,阮冠世还总拉着几个女同学,到校内小铺吃点水果,然后叫上吴大猷一起在校园漫步。其中仅一位密友知道奥秘,别人都蒙在鼓里。日久天长,秘密被揭露,受蒙蔽者在宿舍同阮冠世算账。第二天,饶毓泰的夫人对她们说:"昨晚你们说的话我们都听见啦!"原来,她们的窗正对着系主任饶毓泰家的窗,这样老师也知道自己的两名高徒在谈恋爱了。

吴大猷、阮冠世的师生恋迅速在校园传播开来，他们成了大家关注的焦点。毕业前夕，学校希望吴大猷留校，而阮冠世鼓励他报考清华公费留美。他去考了，清华却录取了一名本校毕业生。别人为他不平，吴大猷反倒乐呵呵的："留校也好，那就可以和阮冠世在一起啦！"

阮冠世的家在北平，节假日常约吴大猷一起回家。有一天，春光明媚，阮冠世带着吴大猷到北京天坛公园游玩。她让吴大猷把耳朵贴在回音壁上，自己在回音壁的一头用甜美、柔和的声音喊道："请求上帝让我们永生永世在一起……"听到这如梦如幻的声音，吴大猷陶醉在巨大的幸福中。

毕业前夕，一直体质孱弱的阮冠世，不幸患上了肺结核。此时，亲朋好友都劝吴大猷三思而行，阮冠世也怕拖累他，含泪提出分手。吴大猷却一再表示："生活里如果没有你，我就不会幸福！"听了这话，人们都深受感动。

南开四吴

1907年9月29日，吴大猷出生在广东的一家书香门第。吴氏18世孙、19世孙两代，从事教育工作者达14人之多，其中任校长的有4人。祖父吴丹桂乃"粤东时贤第一人"，尤喜宋明儒学，慷慨好义，曾任翰林院庶吉士、国史馆协修、记名御史修等职。父亲吴国基，曾做驻美国使馆随员，后被保奏为直隶州知州。在这种书香环境下，吴大猷与其堂兄弟大业、大任、大立成为著名的"南开四吴"。

4岁时，父亲早亡，吴大猷在母亲和伯父的拉扯下长大成人。小时候的吴大猷聪敏颖悟，好学上进，于1925年以优异的成绩考入南开大学，师从著名的物理学家饶毓泰教授。他在物理学方面表现出很高的天赋，并且勤奋好学，这一切给饶毓泰教授留下了深刻的印象。

1931年，吴大猷获奖学金赴美留学，阮冠世与他同行，两人共用一份奖学金。她经常生病，医药费是一笔很大开支。当时美国经济大萧条，想找份工作十分困难，正好有个单位要突击完成一项工程研究，吴大猷去了。他每天晚上8点到实验室，一分钟不停地干，一直干到次日清晨6点。走出实验室他就去上课，下午回住处想休息一下，但屋里热得像蒸笼，无法睡觉。吃过晚饭又匆匆赶往实验室。这样一连干了3天，他没合一下眼。每晚工作10小时，每小时的报酬是50美分，3天下来共挣了15美元，这笔钱对他们俩可是一笔很大的收入。

1933年，吴大猷完成了自己的博士论文《电势与原子光谱的问题》。在不到两年的短短时间里，他创下了一项中国留学生获取博士学位的最快纪录，堪称奇迹。他用巧妙的数学方法，论证在铀92附近要开始第二个稀土族元素，并发表在了著名的物理学顶级学术期刊《物理评论》上。后来，西博格博士获得1951年的诺贝尔奖，就是因为他掌握了Pu-94的化学性能。1989年，他见到吴大猷,高兴地说:"当年能获得诺贝尔奖,应该归功于你的论文。"世界学术界将吴大猷称为"锕系元素研究先驱者"。

我要好好照顾她

1934年夏,获得博士学位的吴大猷,应恩师饶毓泰教授之邀,受聘于北京大学,开始把"新的、革命性的量子力学"介绍到中国。此时,远在美国疗养的阮冠世,也拖着病体回到了国内。因长途旅行劳累过度,她患了肋膜炎,高烧不退,住进了医院。为了更好地照顾她,吴大猷向病榻上的她提出了结婚的要求,同时告诉母亲:"患肺病的女友可能不生育……"

母亲惊呆了,泪流满面地阻止他们的婚姻。同时,同事、师长都劝大猷要慎重对待婚姻大事。吴大猷深情地说:"她正处在最需要关照的境地,无论如何,我都不能抛弃她;我要好好照顾她,而结婚,是我今生能够照顾她的唯一方式!"大家都被他的话语感动了,母亲也不再阻止他们的结合。1936年9月,8年苦恋的有情人,终成眷属。

此后的几十年,吴大猷与阮冠世相濡以沫,在科学征途上并肩前进。1970年,阮冠世凭着超人毅力,以60岁之龄获得生物博士学位;1979年12月,因病辞世。吴大猷悲痛地说:"她的离去,使我失去了73年生命中52年的伴侣。"

1940年,吴大猷用英文撰写了第一部专著《多分子的结构及其振动光谱》，受到恩师饶毓泰的器重。这本书阐述了分子物理学的重要理论，在学术界享有很高声誉，成为国际上该领域的经典专著。

孔子式的物理学家

1941年秋，吴大猷为了躲避空袭而迁居昆明，开始在西南联大教授古典力学。他的学生英贤尽出，如诺贝尔奖得主杨振宁、著名晶体力学家黄昆、美国纽约州立大学电机系主任张守廉、美国西北大学天文物理系主任黄援书等。艰苦的战争年代，他时常在课后，在一条很长的轻便铁路边，和"这样一群学生"讨论物理学问题，安贫乐道，不改其志。黄昆后来回忆说："事隔整整半个世纪，他诲人不倦、乐于教书育人的欣喜心情仍溢于言表。"

1945年春，吴大猷收了一名学生——18岁的李政道。李政道"求知心切，真到了奇怪的程度"，他几乎天天向吴大猷要比一般学生多得多的习题和读物，并且总是能够又快又好地做完习题，读完读物。吴大猷因风湿经常腰痛，李政道则利用替他捶背之机请教。吴大猷常向旁人夸奖这位奇才高足，说他"思维敏捷，大异寻常，前途无量"。

1956年，杨振宁同李政道合作，以"弱相互作用中宇称不守恒"的论文获得1957年的诺贝尔物理学奖。得知获奖后，他们不约而同做的第一件事，就是向吴大猷致电，感谢恩师的培养。杨振宁的信说，他有关对称性工作的研究，多可溯源于吴老师十多年前介绍群论领域给他的启迪，"这是我多年来一直想要告诉您的情意，今天或许是最好的时刻"。李政道也深情地写道："现在的成就大部分是源于在昆明时您的教导，假如在1946年您没有给我这个机会，那就根本不可能有我今天的光荣。"

后来，吴大猷在自传《回忆》一书中谦虚地说："近年来，李、杨成就卓然，国人常提及二人为我的学生，并以李与我的机遇传为美谈。实则我不过是适逢其会，在那时遇上他们而已。譬如两粒钻石，不管放在哪里，终还是钻石。"吴大猷的传记作者丘宏义评价道："他在中国物理学界中的影响力之大，恐怕是独一无二的。"丘宏义将吴大猷比作"孔子式的物理学家"，说："吴大猷在这一点上，和孔子一样，通过他的学生们影响了中国的物理界。"

中国物理学之父

1983年，由蒋经国指定，吴大猷被任命为台北"中央研究院"院长。第二年，他又出任台湾"中华教育文化基金会"董事长。1988年，他在医院病榻上写出了《物理学的性质、简史和哲学》。1989年，他做了14次系列讲演，并以《物理学：它的发展和哲学》为书名，于1992年出版。书中以大量篇幅讨论物理学哲学和科学哲学问题。对人文的关怀，是吴大猷先生科学生涯中一个不可分割的有机组成部分。

1992年5月17日，85岁的吴大猷在李政道夫妇陪同下，由台北经香港飞抵北京，参加学术活动。这是他相隔46年后第一次重返大陆。此次大陆之行，被称为海峡两岸科学界的一大盛事，打破了两岸科学界隔绝40多年的坚冰，从而掀开了历史新的一页。

踏上故土，老人感慨万千。他要圆一个梦，一个美丽的梦。在李政道陪伴下，他来到天坛公园，站在回音壁前将耳朵贴在壁上，从另一边传来李政道的轻声呼唤："吴先生，听到了吗？""听到了！听到了！"吴大猷欣喜地回答，神情顿时恍惚起来，似乎一下子回到60多年前，仿佛听见少女阮冠世的柔声细语。天坛回音壁，是他们俩相爱的见证。

吴大猷生前一再强调，知识分子最应当具备的，就是前人所说的"风骨"。他曾在90寿诞时回忆，自己当年以一介书生劝谏蒋介石不要禁止留学政策，以及后来反对台湾发展核武器，是他对台湾最大的贡献，"对得起这一代与下一代的年轻人"。

2000年3月4日，吴大猷因病逝世，享年94岁。他留下遗言："我一生没留下遗憾。"这位被称作"中国物理学之父"的老人已经走远，不知历史的回音壁那头，会传来后来人什么样的回响。

大师巨匠
西南联大1937—1946

华罗庚
圆与切线的位移

华罗庚／1910—1985／世界著名数学家，中国科学院院士，美国国家科学院外籍院士。中国解析数论、矩阵几何学、典型群、自守函数论与多元复变函数论等方面研究的创始人和开拓者，被誉为"中国现代数学之父"。
曾任西南联合大学算学系教授。

强国奠基
格物致知日日新

1930年的一天，清华大学的校园里，算学系主任熊庆来教授正在看着《科学》杂志上刊登的一篇论文。这篇名为《苏家驹之代数的五次方程式解法不能成立之理由》，论文的作者指出了苏家驹——一个大学教授——在一个代数运算上的错误。文章作者极具才华，作者的名字却是熊庆来从来没有见过的。

熊庆来越看越对文章的内容感到惊喜，不由得拍案称奇。"这是什么人写的呢？一定是某位大学教授或者是留学归来的高材生，应该把他请到清华来教书！"熊庆来当即去询问周围的同事，结果大家都面面相觑，说并不认识。恰好，有江苏籍的教员在旁边，说他的弟弟有个小同乡名叫华罗庚。一看到杂志上的名字，他惊奇地说："这个华罗庚只念过初中，听说曾在金坛中学当过事务员。"

熊庆来听后，惊讶万分，顿生珍惜之情。他无须向清华校方汇报请示，当即做出决定："应该请这个年轻人到清华来！"于是，这位名叫华罗庚的年轻人，走进了清华大学的校园。他身体瘦弱，面有病色，还有腿疾，是一瘸一拐走来的。熊庆来接待了他，经过一番交谈后，他发现华罗庚才思敏捷，对答如流。他随后特意安排华罗庚担任算学系办公室的助理员，系图书馆由其管理，还允许他旁听大学的课程。这一年，华罗庚刚刚21岁。从此，他的命运被彻底改变了。

罗呆子

　　华罗庚读初中时，功课一度并不好，有时数学还考不及格。当时在金坛中学任教的华罗庚的数学老师王维克发现，华罗庚虽贪玩，但思维敏捷，数学习题往往改了又改，解题方法十分独别致。一次，金坛中学的老师嘲笑说："你看看华罗庚那两个像蟹爬的字吧，他能算个'人才'吗？"王维克有些激动地回应道："当然，他成为大书法家的希望很小，可他在数学上的才能你怎么能从他的字上看出来呢！"

　　1925年，华罗庚初中毕业后被迫辍学，回到金坛帮助父亲料理杂货铺。在王维克老师的鼓励下，他开始在单调的站柜台生活中自学数学。于是，华罗庚一面帮助父亲在"乾生泰"这个只有一间小门面的杂货店里干活儿、记账，一面继续钻研数学。回忆当时他刻苦自学的情景，他的姐姐华莲青说："尽管是冬天，罗庚依然在账台上看他的数学书。鼻涕流下时，他用左手在鼻子上一抹，往旁边一甩，没有甩掉，就这样伸着，右手还在不停地写……"

　　那时华罗庚站在柜台前，有时入了迷，竟忘了接待顾客，甚至把算题结果当作顾客应付的货款，使顾客吓一跳。有一次，一位年迈的顾客进门来,问他棉线多少钱一团,当时华罗庚正在废棉皮纸上演算某道数学题,他信口便答:"7425。"因为经常发生类似的莫名其妙的事情,时间久了,街坊邻居都传为笑谈。大家给他起了个绰号,叫"罗呆子"。每逢遇到怠慢顾客的事情发生,父亲又气又急,说他念"天书"念呆了,要强行把书烧掉。争执发生时,华罗庚总是死死地抱着书不放。

后来,回忆起这段生活,华罗庚说:"那正是我应当接受教育的年月,但一个'穷'字剥夺掉我的梦想:在西北风口上,擦着鼻涕,一双草鞋一支烟、一卷灯草一根针地为了活命而挣扎。"

圆与切线的位移

1929年,华罗庚受雇为金坛中学事务员,并开始在上海《科学》等杂志上发表论文。这年冬天,他得了严重的伤寒症,全家节衣缩食,借钱、典当,为他求医买药。幸亏他年轻,在妻子吴筱元的日夜精心护理下,1930年夏天他开始勉强下床。然而病虽好了,他却非常懊恼地发现一条腿瘸了。

华罗庚的左腿关节受到了严重损害,落下了终身残疾,走路要借助手杖。从此,他走路要左腿先画一个大圆圈,右腿再迈上一小步。对于这种特殊而费力的步履,他曾幽默地戏称为"圆与切线的位移"。在逆境中,他顽强地与命运抗争,宣告说:"我要用健全的头脑,代替不健全的双腿!"自此,数学成为华罗庚沿着人生这条"切线",永远不断奋力画出的"圆"。

来到清华园后,华罗庚更加努力地学习,往往校园进入沉睡的梦乡时,他的床前依然亮着不眠的灯光。他每天只睡5个小时,如饥似渴地吸收知识,一本需要十几天才能读完的书,他一两夜就读完了。即便上床准备休息了,他也还在黑暗中思索着数学题,内心默默地推理。5年清华时光,他读完了算学系图书馆几乎所有的数学专著和期刊。

1936年,华罗庚被清华大学保送到英国留学,就读剑桥大学,追随数学大师哈代学习解析数论。他没有按部就班地攻读博士学位,只求做个访问学者。因为这样可以冲破束缚,同时攻读七八门学科,有时间和精力写自己想写的论文,而非为了博士文凭而研究。华罗庚说:"我来剑桥,是为了求学问,不是为了得学位的。"终其一生,他所拥有的唯一文凭,竟是其初中毕业时的那份证书。

华罗庚专心研究世界最顶尖的数学问题,并撰写了20篇学术论文,水准很高。在其中一篇关于"塔内问题"的研究中,他提出的理论甚至被数学界命名为"华式定理"。哈代是这方面的权威,听说这个消息后,兴奋地说:"太好了!我的著作把它写成是无法改进的,这回我的著作非改不可了。"华罗庚被认定为"剑桥的光荣"。

我们应当回去

1938年，华罗庚访英回国，在西南联大任教授，在昆明郊外一间牛棚上的小阁楼中艰难地写出《堆垒素数论》，此书成为20世纪数学论著的经典。1946年9月，华罗庚应纽约普林斯顿大学邀请去美国讲学，并于1948年被美国伊利诺伊大学聘为终身教授。1949年新中国成立，华罗庚感到无比兴奋，克服了来自美国政府的种种困难，偕家人回国。他们一家五人乘船离开美国，1950年2月到达香港。华罗庚在香港发表了一封致留美学生的公开信，信中热情洋溢地说："为了选择真理，我们应当回去；为了国家民族，我们应当回去；为了为人民服务，我们也应当回去！"

华罗庚回到了清华园，担任清华大学数学系主任。接着，他受中国科学院院长郭沫若的邀请开始筹建数学研究所。1952年7月，数学研究所成立，他担任所长。短短几年中，他在数学领域里的研究硕果累累，成为中国解析数论、典型群、矩阵几何学、自守函数论等方面的研究者和创始人。诚如柯拉塔（G.B.Kolata）所言："华罗庚形成中国数学。"

由于青年时代受到过"伯乐"的知遇之恩，华罗庚对于人才的培养格外重视，他发现和培养陈景润的故事更是数学界的一段佳话。在他亲自关心和过问下，陈景润从厦门大学被调到中科院数学研究所，最终在攻克哥德巴赫猜想方面取得了世界领先的成绩。此外，王元、陆启铿、龚升、万哲先等在他的培养下成为世界知名的数学家。

大师巨匠
西南联大1937—1946

中国的爱因斯坦

美国著名数学史家贝特曼称:"华罗庚是中国的爱因斯坦,足够成为全世界所有著名科学院的院士。"数学家劳埃尔·熊飞尔德说:"他的研究范围之广,堪称世界上名列前茅的数学家之一。受到他直接影响的人也许比受历史上任何数学家直接影响的人都多。""华罗庚的存在堪比任何一位大数学家卓越的价值。"

1957年的整风运动中,华罗庚被指定为滑向右派泥坑的"边缘人物",背上了沉重的思想包袱。这源于1957年6月9日《光明日报》发表的《对于我国科学体制问题的几点意见》,由民盟的华罗庚、曾昭抡、千家驹、童第周和钱伟长共同起草。其初衷是响应共产党的号召,向国家献计献策、发展科技,对中国科学组织管理体制的弊病提出批评和改进的建议,后遭到批判。

1958年,华罗庚被任命为中国科技大学副校长兼应用数学系主任。在继续从事数学理论研究的同时,他努力尝试寻找一条数学和工农业实践相结合的道路。经过一段时间的实践,他发现数学中的统筹法和优选法是在工农业生产中能够比较普遍应用的方法,可以提高工作效率,改变工作管理面貌。于是,他一面在科技大学讲课,一面带领学生到工农业实践中推广优选法、统筹法。

1966年"文革"开始后,正在外地推广"双法"的华罗庚被造反派急电召回北京写检查,接受批判。随后,华罗庚的家被抄,数学手稿被盗。他白天被当作"资产阶级学术权威"受批斗,晚上也不得安宁——红卫兵勒令他不准睡床,只准睡在地上。更让他揪心的是，他办公室暗暗做了记号的抽屉被人翻过，他精确计算出的苏联人造卫星方位与其数学模型的机密手稿被窃。

十年动乱结束后，华罗庚被任命为中国科学院副院长。他多年的研究成果也相继正式出版。1979年5月，他在和世界隔绝了20多年以后，到西欧做了7个月的访问，以"下棋找高手，弄斧到班门"的心愿，把自己的数学研究成果介绍给国际同行。

1985年6月3日，华罗庚应日本亚洲文化交流协会邀请赴日本访问。6月12日下午，他在东京大学数理学部讲演厅向日本数学界做讲演，讲题是《理论数学及其应用》。原定45分钟的报告在经久不息的掌声中被延长到一个多小时。下午5时15分讲演结束，他在接受献花的那一刹那，身体突然往后一仰，心脏病发作倒在讲台上，溘然长逝，享年75岁。回望55年前，年轻的华罗庚跛着腿，一摇一摆地走进清华园，而此后的岁月里，他用行动实践了自己的诺言："最大的希望，就是工作到生命的最后一刻。"

大师巨匠
西南联大1937—1946

杨振宁
当尘埃落定之后

杨振宁 / 1922— / 安徽省合肥县人。著名美籍华裔科学家、物理学家，与李政道共同提出了宇称不守恒定律，获得1957年的诺贝尔物理学奖，成为最早获得诺贝尔奖的中国人。代表作有《对弱相互作用中宇称守恒的质疑》《曙光集》和《邓稼先》等。1942年，杨振宁毕业于西南联合大学。

强国奠基
格物致知日日新

1957年12月10日下午4：30，瑞典斯德哥尔摩市中心的蓝色音乐大厅张灯结彩、花团锦簇，本年度的诺贝尔颁奖仪式即将在这里举行。著名的科学家、作家、社会名流、外交使团的代表们，以及身穿燕尾服和晚礼服的瑞典贵族聚集一堂，等待着激动人心的时刻。在热烈而庄重的气氛中，在诺贝尔委员会代表的陪同下，35岁的杨振宁和31岁的李政道登上了斯德哥尔摩诺贝尔领奖台，全场响起雷鸣般的掌声，大家纷纷向他们行注目礼。

首先，瑞典皇家科学院的代表克莱因（LawrenceR.Klein）教授做演说："两位物理学家由于对宇称守恒定律做了精湛的研究，从而导致次原子粒子方面的重要发现，因而共同获得诺贝尔奖……这两位获奖者所进行的研究，实际上推翻了30多年来被普遍认为是自然基本定律的所谓宇称守恒定律！"他的讲话被一阵阵热烈的掌声打断，杨振宁、李政道和其他几位获奖者拘谨地把手放在膝盖上，面向听众，认真听着台上主持人的每一句话。他们的夫人则都穿着漂亮的礼服，坐在台下第一排，目不转睛地注视着自己的丈夫。

随后，瑞典国王开始给得奖人依次颁奖。杨振宁第一个走上领奖台，来到瑞典国王面前，恭敬地接过荣誉证书和奖章，国王轻声地向他表示祝贺。这天晚上,诺贝尔基金委员会和瑞典皇家科学院举行盛大晚宴。按照惯例,宴会开始前,获奖者都发表了礼节性的演讲。杨振宁压制不住内心的激动,热情洋溢地说:"……我深深地意识到,广义来说,我是既调和又抵触的中西方文化的产物。我愿意说,我以自己的中国血统和背景而感到骄傲,同样,我为能致力于作为人类文明一部分的、源出于西方的现代科学而感到自豪。我已献身于现代科学,并将竭诚工作,为之继续奋斗!"

从此,在象征科学界最高荣誉的诺贝尔奖章上,第一次写下了两位年轻的华人的名字。几天后,杨振宁出乎意料地遇到了中国科学院高能物理研究所所长张文裕教授,后者带来了岳父杜聿明的贺信:"我祝贺你获得诺贝尔奖。这是民族的,你要注意政治。"读罢,热泪盈眶。消息传到大洋彼岸的中国时,父亲杨武之正躺在上海华东医院的一间病房里。他听到消息后,兴奋不已,热切盼望着儿子能在时机成熟时回到祖国来,因为"血汗应该洒在自己的国土上"。

振宁似有异禀

1922年10月,杨振宁出生在安徽省合肥县,因头长得特别大,被称作"杨大头"。曾祖父杨家驹曾在安徽省西南部的太湖县任职,祖父杨邦胜18岁时考中秀才。杨振宁出生时,父亲杨武之正在安徽当时的省会安庆某中学做数学老师。安庆旧名怀宁，杨振宁的"宁"就是这样得来的。他出生不满周岁时，父亲考取了公费留美出国，并于1928年获得芝加哥大学数学博士学位。

从此，杨振宁与身为旧式妇女的母亲罗孟华相依为命。当时的中国军阀混战，民不聊生，一听说军阀打来了，母亲就赶紧抱着儿子跑到乡下，或者躲进外国教会医院里。3岁时，躲避回来的杨振宁突然发现，自己家房子的角落里有一个圆圆的子弹洞，这成为他"印象中最深的第一个记忆"。4岁时，母亲开始教他认字，1年多的时间教了他3000个方块字。他曾说，自己终其一生认得的方块字，不超过当时的两倍。

1928年，归国后的父亲受聘到厦门大学数学系任教，6岁的杨振宁和母亲一起跟随前往。在厦门，杨振宁开始了正规的学生生活，各门功课都学得很好，特别是对数学和国文的兴趣更大。他常和父母到海边散步，和一般的孩子一样，他也喜欢捡拾沙滩上的贝壳。父亲注意到，杨振宁捡回的贝壳多半是极小的，但非常精致，感觉他的观察力不同于常人，并曾在儿子相片背面充满自信地写道："振宁似有异禀，吾欲字以伯瑰。"

1929年秋天，父亲应聘到清华大学数学系任教，杨家也举家北迁。此后一直到1937年，杨振宁和父母一起在清华园度过了相当平静的童年。其间，父亲早已发现儿子在数学方面的能力很强，但对其天分的发展，采取了一种顺其自然的态度，并没有给以特别的训练。1934年夏天，杨振宁在崇德中学念完初一，父亲找到自己在芝加哥大学念书时认识的清华大学著名历史学家雷海宗教授，请他介绍一个人给儿子补一下古文。于是，雷海宗找了自己的学生丁则良来教杨振宁念《孟子》，这成为杨振宁"终生都大为受用的一件事情"。

统昆字第0008

1937年抗战开始后，杨武之一家开始了颠沛流离的"南渡"旅程，于第二年2月到达云南昆明，杨武之任教于国立西南联合大学数学系。同年夏，国民政府教育部宣布了一项措施：所有学生，不需文凭，可按同等学历报考大学。得此消息，杨振宁随即以高二学历报名参加统一招生考试，准考证号是"统昆字第0008"。最终，只有16岁的他，竟以第二名的出色成绩考入西南联大化学系。

此时的西南联大，条件非常艰苦。学生宿舍是土墙茅草房或土墙铁皮房，教室是铁皮顶的房子，下雨时会叮叮咚咚响个不停。教室的地面是泥土地，没过多久就变得坑坑洼洼、高低不平。窗户没有玻璃，风吹时必须用东西把纸张压住，否则会被吹跑。学生听课坐的，是在椅子右边安上一块形似火腿却只能放一本书的木板的"火腿椅"。但师生们苦中作乐，幽默地称教室是"冬凉夏暖"，吃的掺带谷子、稗子、沙子的糙米饭是"八宝饭"，穿的通了底儿的鞋是"脚踏实地"，前后都破洞的鞋是"空前绝后"。

1938年11月底，入学后的杨振宁发现自己对物理学更有兴趣，便申请转到了物理学系。西南联大名师荟萃，教师阵容非常强大，给他上一年级普通物理课的是擅长实验的物理学家赵忠尧教授，上二年级电磁学课的是著名学者吴有训教授，上力学课的是在广义相对论等方面颇有研究的著名学者周培源教授等。其中，吴大猷和王竹溪对他的影响最大，引导其走向对称原理和统计力学的研究方向。

1942年，20岁的杨振宁本科毕业，旋即进入本校研究院理科研究所物理学部读研究生。与他同室居住的有凌宁、金启华和顾震潮，黄昆和张守廉也偶尔来住几天。这些中华民族未来的精英聚在一起，在陋室里交谈切磋，结伴探索着科学的奥秘。

两年后，他以优异成绩获得了硕士学位，并考上了公费留美生，于1945年赴美进芝加哥大学。在西南联大短短的6年，对杨振宁的一生产生了巨大影响，他后来在《读书教学四十年》中回忆说："西南联大是中国最好的大学之一。我在那里受到了良好的大学本科教育，也是在那里受到了同样良好的研究生教育。"

当尘埃落定之后

1949年，杨振宁进入普林斯顿高等研究院做博士后，开始同李政道合作进行粒子物理的研究工作。1956年10月1日，他们在美国最权威的《物理评论》上发表《对弱相互作用中宇称守恒的质疑》一文，共同认为在弱相互作用的领域内，宇称并不守恒。是年底，吴健雄等科学家通过严格试验，证实了这一理论，震惊了整个科学界。被誉为美国"原子弹之父"的物理学家罗伯特·奥本海默（J.RobertOppenheimer）在给杨振宁的电文中，兴奋地说道："终于找到了走出黑屋子的门！"美国物理学家杰里米·伯恩斯坦（JeremyBernstein）则认为这是"战后整个物理学界最令人惊奇而激动的事"，"是科学史上的一个转折点"。

杨振宁对物理学的贡献范围很广，包括粒子物理学、统计力学和凝聚态物理学等。除了同李政道一起发现宇称不守恒，杨振宁还率先与米尔斯（R.L.Mills）提出了"杨—米尔斯规范场"，与巴克斯特（R.Baxter）创立了"杨振宁—巴克斯方程"。美国物理学家、诺贝尔奖获得者赛格瑞（E.Segre）推崇杨振宁是"全世界几十年来可以算为全才的三个理论物理学家之一"。

1954年春，久病在身的父亲曾赴瑞士看望杨振宁，临行前送给儿子两句话："每饭勿忘亲爱永，有生应感国恩宏。"1964年春，在美国生活了19年的杨振宁加入了美国国籍。做出这一决定，他思想上经过了很长时间的犹豫和斗争，入籍后仍耿耿于怀，每当想起父亲的期盼就感到不安。杨武之对此不能接受，发表声明与之断绝关系，并且到死也没有原谅他。这成为杨振宁"一辈子的遗憾"。

获得1957年诺贝尔物理学奖后，杨振宁与李政道的合作关系变得越来越紧张，最终在1962年分道扬镳，引来不少非议。1989年，他曾在写给台湾"中研院"院长吴大猷的信中向老师报告两人合作的情形。吴大猷复信说："整件事是一极不幸的事，我想实情是不能永远掩盖着的。所以我希望大家都不再在世人前争,而让实情慢慢地展现出来。"

1999年1月一个寒冷的冬天,77岁的杨振宁在纽约长岛的石溪理论物理研究所上完了最后一堂课,从此正式退休。他选择了叶落归根,回到了儿时生活过的清华园,参与清华大学高等研究中心的工作,致力于在中美之间搭建"一座了解和友谊的桥梁"。2004年年底,82岁高龄的杨振宁与28岁的翁帆结婚,轰动一时。

杨振宁曾说,他听说国内有对他的批评,但很不幸的是,并没有了解他真正的意思。台湾学者江才健在《规范与对称之美:杨振宁传》中曾记述,"杨振宁曾经在谈论物理发展时,说过'当尘埃落定之后'的话"。江才健认为,"像杨振宁这样天才地创造成就,成为人类心灵知性启蒙的明灯,人们惊叹他们超卓的心智能力,而在评断议论声中,这个创作者本身的反思,是最后他自己在自我历史评价中最真实的论断"。正如当年杨振宁和李政道共同发现在弱相互作用中,可以推翻宇称守恒定律一样,"当尘埃落定之后",一切都会得到重新审视,而到那时,相信历史会给予这位物理学大师一个更加公允和精确的评价。

大师巨匠
西南联大1937—1946

李政道
自尊向上,不进则退

李政道 / 1926— / 生于上海,祖籍江苏苏州。美籍华裔物理学家,因在宇称不守恒、李模型、相对论性重离子碰撞(RHIC)物理和非拓扑孤立子场论等领域的贡献而闻名。1957年,31岁的他与杨振宁一起获得诺贝尔物理学奖。
曾就读于西南联合大学。

强国奠基
格物致知日日新

1945年抗战刚刚胜利,当西南联大的师生们还沉浸在兴奋之中时,校方突然接到国民政府教育部的紧急通知:国民党总参谋长陈诚要会见吴大猷、华罗庚和曾昭抡3位教授,并希望他们即日启程前往重庆。很快,3人乘飞机来到了战时的陪都山城重庆,一落地,便被接送到陆海空三军招待所。

历经战争摧残的重庆街道,到处狼藉一片,民不聊生。3位教授虽然都是国内外知名的人物,但生活都十分清苦,根本无力添置像样的衣服。吴大猷上身穿着一件破旧的西服,脚上穿的是一双类似美国士兵才穿的皮鞋。曾昭抡仍是邋邋遢遢,趿拉着鞋子走路,一副不修边幅的名士派头。华罗庚更是衣履破旧,穿戴也算不上整齐,走起路来依旧是脚在地上不停地画圈。三军招待所守门的卫兵和服务小姐们,突见住进了3位如此怪模怪样的"大爷",因而对他们满脸鄙意,故意刁难,服务没有一点热情。

第三天上午,正当3位教授自己打水拿饭、往自己住所走时,一辆高级轿车开到了招待所的门口,总参谋长陈诚和军政部次长兼兵工署署长俞大维携众随员,前呼后拥地来拜访他们。这阵势,着实让门卫和服务人员大吃一惊,遂立即转变态度,将3位当作来路不明的一方神圣供奉起来。而此次会面商谈的内容,便是中国如何研制自己的原子弹。

经过商讨，双方达成初步共识：需成立研究机构，培植各项基本工作人员；初步可派物理、数学、化学人员外出，研习观察近年来各部门科学进展情形。这个方案很快得到蒋介石允准，由3位教授各选两名可堪造就的青年人共同赴美，并拨发50万美元作为这一计划的前期资金，这一行动的代号是"种子计划"。

计划既定，3位教授分别做出国考察准备，并挑选随行的青年才俊。吴大猷挑选的是朱光亚和李政道，华罗庚挑选的是孙本旺和徐贤修，曾昭抡挑选的是唐敖庆和王瑞駪。其中，吴大猷推荐李政道留学美国攻读物理学博士是有很大风险的，因为李政道此时正在就读西南联大二年级，本科学位都还没有拿到。吴大猷的这一选择，立刻引来不少教师的反对，在校园里引起一场波澜。

吴大猷不改初衷，坚信李政道是可造之材。于是，他前去找清华物理系居第一把交椅之尊的叶企孙教授商量，得到支持后，旋得到校长梅贻琦批准。就这样，在吴大猷的极力坚持下，1946年20岁的李政道还未读完大学就告别祖国，踏上了留美的旅途。11年后，1957年，他因与杨振宁一起发现了弱相互作用中宇称不守恒定律，共同站在了诺贝尔物理学奖的领奖台上。

三糊涂

1926年11月，排行老三的李政道出生在上海一个名门望族家庭里。曾祖父李子义是江苏东吴大学（即苏州大学）的前身苏州博习书院的创建人之一。父亲李骏康是金陵大学农化系首届毕业生，毕业后在上海做化肥生意。母亲张明璋毕业于上海启明女子中学，是当时中国少有的受教育女性。据李政道回忆，父亲对儿女们不仅要求严格，而且非常注重道德伦理教育，要求他们不仅要立雄心大志，而且要爱祖国、有正义感、有同情心。

4岁时，李政道开始识字，并且表现出强烈的好奇心，"为什么？""后来怎样？"是他的问话模式。他在数学和物理方面的才能迅速地表现出来，做数学题又快又准，常常得到父母和兄长的夸奖。李政道爱好读书，甚至读书成癖。每天，从早晨起床直到晚上休息，他都一直在看书。只要看见书，他便总是忘了吃饭、刷牙和洗脸，因而被全家送了个绰号"三糊涂"。

1937年上海被日本侵略者占领，李政道开始了颠沛流离的读书生活。几经变迁，李骏康夫妇将宏道、崇道和政道兄弟3人，安置在江西联合中学读书。念高二时，由于表现突出，李政道还给教师缺乏的母校担任代课老师，给低年级的同学们教授数学和物理两门课。1943年，17岁的李政道以优异的成绩考入了浙江大学物理系。

此时，浙大已经迁址到贵州湄潭，地方偏僻，条件艰苦，但浙大理学院集中了一些具有世界影响力的知名教授，如王淦昌、束星北等。教室和宿舍是合在一起的，而里面既没有电灯，也没有桌椅，学生连看书的地方都没有。为了读书，李政道总是和同学们一起到外面的茶馆里，买上一个座位，泡一杯茶，就是为了可以看上一天书。不仅没有物理实验仪器，仅有的实验室也设在一个破庙里。为了做电子实验，束星北教授和学生们便一起修理一台破旧的发电机。

求知心切真到了奇怪的程度

1944年，随着日军的炮声日益逼近，浙大的许多人不辞而别，学校形同解体，李政道也被迫离开，前往设在云南昆明的西南联大继续求学。吴大猷教授热情地接待了这位远道而来的小青年。经过积极争取，校方破例同意李政道做旁听生，等到暑假开始后再正式转入二年级就读。吴大猷后来回忆，那时李政道学习异常刻苦，"每日来我处，要我给他更多的阅读物和习题，求知心切真到了奇怪的程度""我无论给他怎么难的书和题目，他很快就做完了，又要来索要更多的"。

1946年8月，经吴大猷教授极力荐举而获得留学资格的李政道，由华罗庚教授带队前往美国。此时，美国将原子弹的研制过程列为绝密，中国人到有关研制机构和工厂学习考察已不可能。于是，在得到国民政府当局同意之后，这些青年才俊分头行动，陆续进入不同的大学和科研机构潜心学习，以图将来。本科尚未毕业的李政道，在学制严格的美国，再次面临困境。

据吴大猷回忆说："我没有办法把他推荐给任何一个大学的研究院，因为他大学还没有毕业。我写了几封介绍信，其中一封是写给戈登斯米特（Coudsmit）教授的。那个时候，他在西北大学，当然我说了几句关于年轻的李政道的话。我说，李政道是那样的聪明，我发现他对于解决问题简直有着不可思议的洞见、看法。"

几经周折，李政道来到被称为"原子弹诞生地"的芝加哥大学，获得了试读的资格，后由于他的天才和勤奋很快成为正式研究生。

此前的1945年年末，杨振宁获取庚款留美名额，提前进入芝加哥大学物理系。当时，他想成为恩里科·费米（EnricoFermi）教授的研究生，但没有人告诉他费米在哪里，因为费米是世界上第一座可控原子核裂变链式反应堆的建造者，行踪保密。而李政道则幸运地成为费米的研究生。1950年，24岁的他顺利地通过了博士论文《白矮星的含氢量》的答辩，获得芝加哥大学博士学位。他的论文被评为当年博士论文第一名，获奖金1000美元。芝加哥大学校长在授予李政道博士学位证书时说："这位青年学者的成就，证明人类高度智慧的阶层中，东方人和西方人具有完全相同的创造能力。"

自尊向上，不进则退

1948年，是李政道和杨振宁正式开始事业上合作的一年。在费米教授的指导下，他们和罗森布鲁斯一起写了一篇关于粒子物理方面的文章。1951年，李政道来到普林斯顿高级研究所工作，与杨振宁再次会合，两人开始了更加密切的合作。1956年，两人共同提出了"弱相互作用下宇称不守恒"理论，并得到另一位从中国赴美的实验物理学家吴健雄女士的实验证明。随着这一伟大成果横空出世，李政道和杨振宁于1957年共同获得诺贝尔物理学奖。

1962年夏，李政道和杨振宁的最后一次科学合作终结，两人从此决裂，成为华人学术界的憾事。关于关系破裂的原因，李、杨双方偶有公开叙述，然而各有说辞，令外界对真实原因依然不得而知。1986年，李政道在撰写的《破缺的宇称》一文中，对于李、杨关系有生动的比喻："一个阴暗有雾的日子，有两个小孩在沙滩上玩耍，其中一个说：'喂，你看到那闪烁的光了吗？'另一个回答说：'看到了，让我们走近一点看。'两个孩子十分好奇，他们肩并肩向着光跑去。有的时候一个在前面，有的时候另一个在前面。像竞赛一样，他们竭尽全力，跑得越来越快。他们的努力和速度使他们两个非常激动，忘掉了一切。第一个到达门口的孩子说：'找到了！'他把门打开。另一个冲了进去。他被里面异常的美丽弄得眼花缭乱，大声地说：'多么奇妙！多么灿烂！'结果，他们发现了黄色帝国的宝库。他们的这项功绩使他们获得了重奖，深受人们的羡慕。他们名扬四海。多少年过去，他们老了，变得爱好争吵。记忆模糊，生活单调。其中一个决定要用金子镌刻自己的墓志铭：'这里长眠着的是那个首先发现宝藏的人。'另一个随后说道：'可是，是我打开的门。'"

李政道接着说："我和杨的合作在20多年前结束了。它的价值，不需要更多的说明，就如我们已发表的科学论文所表现出的那样，经得起时间的考验。"杨振宁曾这样形容他和李政道的关系："有时候比我们和我们的太太之间的关系还要密切……这样深厚的一个关系，破裂的时候，我想跟一个婚姻的破裂，是在同一等级上的痛苦。"杨振宁表示，李政道是自己最成功的合作者，与李政道的决裂是他今生最大遗憾。

作为世界著名物理学家、诺贝尔奖获得者，李政道还十分关心中国物理学的发展，积极促成中美高能物理的合作，建议和协助建造北京正负电子对撞机，建议成立自然科学基金，设立CUSPEA中国留学生计划，建议建立博士后制度，成立中国高等科学技术中心和北京大学及浙江大学的近代物理中心等学术机构。

1998年1月23日，李政道将其毕生积蓄30万美元，以他和他的已故夫人秦惠䇹的名义设立了"中国大学生科研辅助基金"，以资助大学生从事科研辅助工作。为了勉励中国学生，他曾题写："自尊向上，不进则退。"这份赠言，被学生复印后人手一份，成为无数学子的座右铭，而这也正是李政道终其一生，不断朝着科学宝藏奋力奔跑的心路历程和人生写照。

大师巨匠
西南联大1937—1946

马约翰
强国必先强种

马约翰／1882—1966／福建省厦门市人。著名体育家,在体育理论、体育教学、运动训练等方面都做出了可贵的贡献,被称为"中国体育界的一面旗帜"。代表作有《体育运动的迁移价值》《我们对体育应有的认识》等。
曾任职于西南联合大学体育部。

强国奠基
格物致知日日新

1905年，在上海，一场规模较大的"万国运动会"即将开始，参加比赛的是中国人和各国侨民。随着发令枪响起，一英里赛跑选手展开了十分激烈的争夺，有4个日本人一字排开跑在最前面，故意挡住其他运动员。紧紧跟在他们后面的是个中国学生，来自上海圣约翰大学的马约翰，就在这个中国同学身后，其余50多名选手都被远远地甩在后面。

这时，场上几百名日本观众纷纷站起来鼓掌呐喊，已经开始庆祝胜利了。第三圈终了时，只见马约翰加快速度，赶过了前面的一个中国学生。离终点约400码时，中国观众高呼："约翰，加油！加油！"他意识到该是最后冲刺的时候了，向那个中国同学说了一句："跟上我！"随即猛地从日本人的右侧冲过去。

全场开始沸腾，观众们的欢呼声已由"约翰！约翰！"，改为"中国！中国！"。最终，马约翰以领先50码的距离首先到达终点，他身后那个中国同学也超过日本人，第二个到达了终点。从此，马约翰成为运动场上的明星。

关于他的风采，充满了各种传说："那时还是清朝，男人脑后留辫子，马约翰能把辫子跑成水平！"由于具有突出的运动才能，1914年秋季，他应聘到清华学校任教。从这时起，他由助教逐步升为教授，担任清华大学体育部主任。直到1966年逝世时止，马约翰在清华大学工作了52年，为体育事业贡献了毕生的精力，缔造了人生传奇。

要勇敢，不要怕

　　1883年，马约翰出生在福建省厦门鼓浪屿，3岁丧母，7岁丧父，与其兄过着孤苦伶仃的生活。他幼时经常和其他孩子们在山上跑跳、爬树、钻山洞，在海滩上玩水和捉鱼虾，不到天黑不回家。全面的身体锻炼、充足的阳光和新鲜的空气，为他的健康身体打下了基础。

　　由于家境困难，他到13岁才入私塾读书。入学后，他左看右看全是些房子，一点草地也没有，没法跑跳，就跳凳子、跳木桩。总之，他是不愿意整天不动的。当看到周围同学大部分面色苍白、文质彬彬的，他心里很难过，决心通过体育改变这种状况。

　　18岁时，他到上海读中学，22岁考入圣约翰大学预科，两年后升入本科。当时，有个一直没有透露姓名者，每月给他寄来最低的生活费用，一直到他大学毕业。在圣约翰大学读书的7年期间，马约翰酷爱体育运动，是学校足球、网球、棒球、田径各项代表队的主力队员。他精于田径运动中的中短跑，曾获100码、220码、880码、1英里等项目的全校冠军，并且多次在校外竞赛场上取得优胜。

当时，有的外籍教师嘲笑中国学生："就是笨，还不如美国的小孩子！"马约翰听了不服，就用事实和那个美国教师"吵了起来"。来到清华后，他常听说中国学生在外国受气的事，听到外国人把中国人叫"东亚病夫"，便痛心地说："中国学生在外面念书都是好样的，因此我想到学生在体育方面，也要不落人后。"

他常向同学说："你们要好好锻炼身体，要勇敢，不要怕，要有劲，要去干。别人打棒球，踢足球，你们也要去打，去踢；他们能玩什么，你们也要能玩。不要出去给中国人丢脸，不要人家一推你，你就倒；别人一发狠，你就怕……"

动是健康的泉源

20世纪50年代，清华校长蒋南翔曾说过，清华于1911年建校，马约翰1914年到清华，服务清华的历史差不多同清华的校史同样悠久，"所有在清华上过学的学生，差不多统统受过马约翰的热心教诲"。

马约翰提出"动是健康的泉源"，在教学中严格推行他的理念。据学生们回忆，他在体育课上有一股劲，瞪大眼睛，双手攥拳在胸前挥动，号召大家："要动！动！动！"往往说得学生热血沸腾。他曾教过学生许多有趣而又奇怪的运动，比如"拖尸"。除夕之夜，二年级的学生深夜闯进新生宿舍"拜年"，把他们从床上拖起来，4个老生抓住1个新生的四肢，甩来甩去，并且数着数，一直数到十几下，才把可怜的新生扔回床上。

曾有学生因为神经衰弱来向他诉苦，他冲着学生的肚子就是一拳。那学生急了，他却笑着说："你说你神经衰弱，看你的紧张样子！"然后，他硬拉着那个学生到球场上，让他去把别人正在比赛的篮球抢下来，并鼓励道："你看，你神经不但没毛病，还挺不坏呢！"到了晚上，那个学生洗完澡，兴冲冲地来找马约翰："现在我精神好极了，好像没病了！"

学校中曾有一批结核病患者，集中住在一幢宿舍内，以不动或少动为主，有的需要绝对卧床。长期的病房生活使他们很苦恼，有的人甚至意志消沉。马约翰了解到这个情况后，主动找校医院大夫联系，对病人施行"体育疗法"。他到病房对大家说："肺不是纸做的，动一动撕不破的！"

马约翰常引以为傲的是，许多学有成就的校友，在校读书时都是体育爱好者。如前北京大学校长周培源，在校读书时是3个中距离赛跑项目的全校冠军；清华大学教授施嘉炀，在校读书时是跳高和高栏的全校冠军。晚年的梁思成，曾对后辈谈起马约翰，表示十分感谢"在学校中单双杠和爬绳的训练，使我后来在测绘古建筑时，爬梁上柱攀登自如"。

强国必先强种

马约翰学术基础渊博，再加之长期实践，因而具有一套全面、独到、行之有效的体育理论。1919年和1925年，马约翰利用集中休假一年的时间，两次到美国春田大学学习，写有《体育经历十四年》《体育的迁移价值》等学位论文。其中，《体育的迁移价值》被评为美国春田大学的主要硕士论文之一。

马约翰说过："体育运动的教育价值，不只限于运动场上，而且能够影响整个社会。"1928年，他利用清华较为完善的体育设施，同国内体育名流郝更生、张汇兰、董守义等一起，抱着"强国必先强种"的目的，几次创办"暑期体校"，自任主任，并主讲"人体解剖学"课程。

1928年，清华学校改名为清华大学。首任校长罗家伦认为，体育不过是蹦蹦跳跳、打打闹闹，大、中、小学都一样，都是哄着学生玩，没有设教学职称的必要，因而下令免去马约翰的教授职称，把体育教师统统改称训练员。许多人为这位清华元老愤愤不平，他却说："降职有什么关系，我教体育既不为名，也不为利，为的是教育青年人锻炼身体。假如不让我教体育，那我倒真要和他干一场了。"

由于体育普及，又有好的训练方法，清华学生的运动水平提高得很快。1929年底，华北足球比赛在天津举行，他率领清华大学队出征。参加这次比赛的，有许多实力很强的足球队，争胜之心很强烈，有的领队甚至许诺队员取胜后去逛日本。比赛结果是，清华战胜所有强队，夺得冠军。

据当时校刊记载，消息传来，"全校像大海里波涛似的欢腾，每个人内心都是愉快的火焰在燃烧"，到处贴着大标语"我快乐得要打滚""我愿为你们脱靴"。球队回校时,全校师生夹道欢迎,把马约翰等从学校大门一直抬进正在开新年晚会的大礼堂,以示庆祝。体育运动已经成为清华学生生活里不可缺少的一部分,很快,校长不得不恢复了他的教授职称。

中国体育界的一面旗帜

作为著名的体育家,马约翰毕生在一个岗位上孜孜不倦、勤勤恳恳地工作了52年,而且随着时代的步伐不断前进,被称为"中国体育界的一面旗帜"。他自己终生坚持体育锻炼,身体非常健康,年逾80,鹤发童颜,仍生气勃勃地工作,被誉为"提倡体育运动的活榜样"。

在旧时的中国,体育场上的秩序和运动员的道德风尚都不大好。清华代表队内,骄傲自满、狂妄自大的风气一度也有所增长。马约翰决心改变这种局面,对运动场上的作风严格要求。他一方面要求运动员熟练掌握技术,在比赛中勇于取胜;另一方面又教诲队员们"球可输,体育道德不能输""对外比赛不必先把输赢放在心上,只希望把我们的技术全部施展出去"。在一场争夺冠军的比赛中,清华主力队员被对方当胸一脚踢晕,全场哗然,眼看要闹事。马约翰力息风波,换人再战。结果清华输了这场球,却赢得了全场观众的赞扬,为体坛树立了良好的范例。

早在1939年9月,昆明西南联大的清华师生就曾聚会庆祝马约翰在校服务25周年。会上除许多热情洋溢的祝词外，还赠他"五十年不坏"的金表一块，希望他再为学校服务，"如表之恒，如日月之升"。

70岁时，马约翰给北京医学院师生做报告，一个箭步跃上讲台，身手矫健不输当年。1958年，他以76岁高龄，与清华大学一位中年教师搭档，获得北京市网球比赛男子双打冠军，并获国家一级运动员称号。

到了80岁时，马约翰还是白天工作8小时，晚上工作两小时；假日可以骑自行车远游香山，平日可以进行多种项目的训练，俯卧撑可以连续做40个，"在全校年纪最大，精神最好"。酷暑不怕热，无论室内室外，总是一件白布衬衫穿得整整齐齐，在太阳下晒几个小时，不头晕；严冬不怕冷，从来不穿棉衣，最冷的时候，在白布衫外加一件毛线背心，到室外时再罩上一件短外套。国家体委代表荣高棠说："马老以80高龄还能有这样的身体，体育运动能够促进健康，马老是一个活的证明。"

1964年，清华师生聚会，祝贺马约翰在校工作50年。蒋南翔校长向他祝贺："鹤发童颜、步履矫健、精神奕奕的马约翰先生，本身就是提倡体育运动的一个活榜样……成为我国体育界的一面旗帜。"据说，直到临去世的84岁时，他还能做13个俯卧撑。马约翰以矫健之躯，始终奔跑在体育的大道上，也驰骋在苦难变幻的时代里，当观众席上的欢呼声渐渐隐去，他的身影，定格成为一种永恒。

参考文献

[1] 傅斯年.傅斯年选集[M].台北：文星书店，1967.

[2] 民国文林.细说民国大文人[M].北京：现代出版社，2010.

[3] 江才健.规范与对称之美：杨振宁传[M].广州：广东经济出版社，2011.

[4] 任士英.学苑春秋[M].郑州：河南人民出版社，2006.

[5] 李子迟，冯松，莫休.细说清华学者们的爱情往事[M].北京：东方出版社，2011.

[6] 李沐紫，許毕基.大师讲学记：讲坛上的大师身影[M].济南：济南出版社，2010.

[7] 李振东.北大的校长们[M].北京：中国经济出版社，2003.

[8] 汪修荣.民国教授往事[M].郑州：河南文艺出版社，2008.

[9] 吴廷俊.新记"大公报"史稿[M].武汉：武汉出版社，2002.

[10] 岳南.南渡北归（全三册）[M].长沙：湖南文艺出版社，2011.

[11] 岳梁编.李政道[M].郑州：河南文艺出版社，2012.

[12] 周为筠.在台湾：国学大师的一九四九[M].北京：金城出版社，2008.

[13] 金满楼.民国原来是这样[M].北京：现代出版社，2011.

[14] 徐虹.清华四才子[M].长春：东北师范大学出版社，1997.

[15] 徐虹.北大四才子[M].长春：东北师范大学出版社，1997.

[16] 高伟强，余启咏，何卓恩.民国著名大学校长[M].武汉：湖北人民出版社，2007.

[17] 马建国.民国先生[M].广西：广西师范大学出版社，2013.

[18] 师永刚，冯昭，方旭.移居台湾的九大师[M].北京：百花洲文艺出版社，2008.

[19] 张功臣.民国报人：新闻史上的隐秘一页[M].济南：山东画报出版社，2010.

[20] 张昌华.民国风景：文化名人的背影之二[M].北京：东方出版社，1970.

[21] 张建安.低学历的五大师[M].北京：商务印书馆，2012.

[22] 黄芬香.杨振宁[M].郑州：河南文艺出版社，2012.

[23] 黄延复.清华的校长们[M].北京：中国经济出版社，2003.

[24] 舒可文.鲁迅之疑："国民性"的检讨再检讨[J].三联生活周刊，2011（50）.

[25]赵忠心.大师的阶梯[M].北京：中国文联出版社，2000.

[26]温源宁.不够知己[M].江枫，译.北京：外语教学与研究出版社，2012.

[27]叶新.近代学人轶事[M].天津：百花文艺出版社，2005.

[28]刘宜庆.大师之大：西南联大与士人精神[M].南京：江苏文艺出版社，2013.

[29]陈平原，夏晓虹.北大旧事[M].北京：生活·读书·新知三联书店，1998.

[30]潘剑冰.民国课堂：大先生也挺逗[M].南宁：广西人民出版社，2013.

[31]蔡登山.民国的身影[M].广西：广西师范大学出版社，2009.

[32]《名人传记》编辑部.中国大先生[M].郑州：河南文艺出版社，2015.